考古学家带你看中国

山东大学考古系教授
龙山文化研究会会长
栾丰实 著

龙山
夏朝之前东夷文化的
鼎盛时代

中国经济出版社
·北京·

目 录

龙山文化的发现和确立／2

各地都有龙山文化？／8

龙山文化的分布和年代／10

龙山时代的社会到底是什么样？／18

早期的人类文明社会是什么样子？／44

【给孩子的话】／57

【考古学家小传】／59

◀ 发掘现场

我们中国第一代考古学家、著名的学者梁思永先生认为,龙山文化是中国文明的史前期之一。经过八十多年的考古发掘和研究,我们现在认为,龙山文化已经走过了中国文明最早的那一小段路,进入了发展期。

我想从五个方面给大家介绍一下龙山文化。希望你读完以后,能对龙山文化有一个基本的了解,同时,对产生这个文化的环境也能略有认知。

龙山文化的发现和确立

到2028年,龙山文化就正好发现一百周年了。

1928年春,在齐鲁大学执教的考古学家吴金鼎先生(被称为"中国考古学之父"的李济先生是他的老师),到章丘(当时隶属于历城)平陵城,也就是汉代的济南进行考察。他从龙山镇下了火车,在前往平陵城的途中发现了城子崖这个遗址。他路过城子崖遗址时,从路两边的断面上采集到了陶片、石器,还发现有灰土堆积。他仔细观察之后,发现其中没有金属

> **? 齐鲁大学**
>
> 齐鲁大学诞生于1864年(清同治三年),是中国最早的教会大学之一。齐鲁大学全盛时期有"华北第一学府"之称,和燕京大学并称"南齐北燕"。老舍、钱穆、顾颉刚、吴金鼎、胡厚宣等学术名家先后在此执教。
>
> 齐鲁大学校长、哈佛大学毕业生刘世传曾说:"正如我的另一个母校,哈佛大学是美国最老的大学一样,齐大是中国最老的大学,绝对没有一个中国大学能在这一点上赶上齐大!"
>
> 1952年院系调整,齐鲁大学被撤销建制,其学科分别并入山东大学、山东师范大学、南京大学等高校,校园旧址为今山东大学趵突泉校区,校史由山东大学齐鲁医学院继承。齐鲁大学旧址于2013年3月被国务院核定为第七批全国重点文物保护单位——"原齐鲁大学近现代建筑群"。

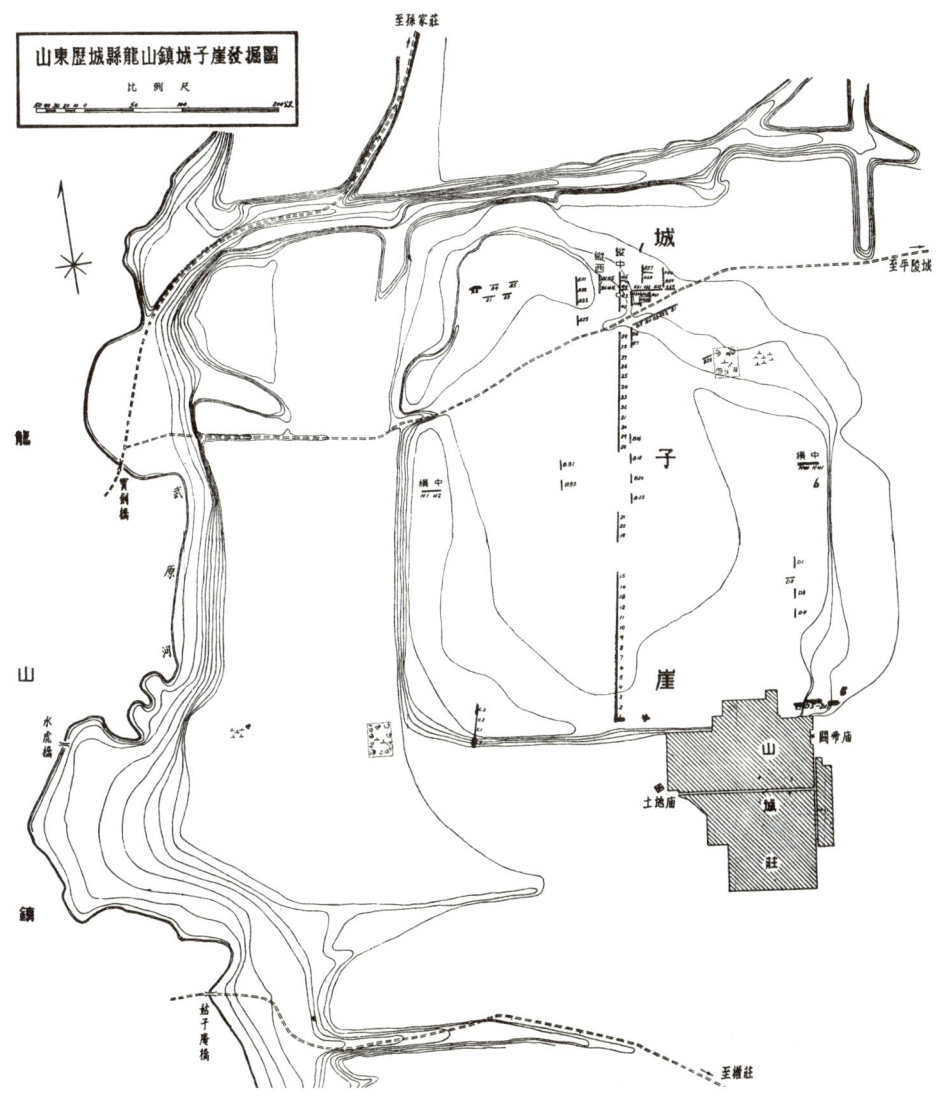

▲ 这是当时发掘城子崖遗址时测绘的平面图。中间这个方方正正的台地就是城子崖遗址。后来发现的城墙，也正好就在这个台地的周围

器，所以当时他就判断这个遗址的时代可能比较早。在接下来一年多的时间里，他先后六次考察了这个遗址，确定这是一处以石器和黑色陶器为主，而不见金属器的史前时期古遗址。

> **中研院史语所**
>
> 全称"中央研究院历史语言研究所",1928年于广州成立,由时任中央研究院院长的蔡元培命傅斯年等三人负责筹建,傅斯年任所长。次年迁北平(今北京),所址在北海的静心斋。1936年,史语所迁至南京的鸡鸣寺。
>
> 从欧洲留学归来的傅斯年,主张历史、语言的研究要运用新材料,发现新问题,采取新方法。他认为,近代历史学只是史料学,应当用自然科学提供的一切方法、手段来整理现存的所有史料;唯有发现和扩充史料,直接研究史料的工作才具有学术意义。史语所成立后,工作重点有三个:①安阳殷墟发掘和甲骨文的研究整理;②西南少数民族语言、习俗的调查;③西北考古。

那时候,中研院史语所(以下简称"史语所")已经成立了考古组。考古组选择的第一个发掘地点,是河南省的安阳殷墟。因为安阳殷墟已经出了甲骨文,所以他们想以安阳殷墟作为突破口,来开展中国现代的考古事业。史语所原来准备在殷墟做比较长期的发掘工作,可是两年之后,也就是1930年,中原地区发生了一场大规模的战争——蒋介石、冯玉祥、阎锡山三家军阀混战。安阳殷墟附近炮火连天,考古工作没有办法进行下去,所以史语所被迫中止了殷墟的发掘。

因为史语所刚刚开始做考古工作没有几年,手里的材料也不多。这么多人,不能坐在家里等着,他们就想再找另外一个地点进行发掘。李济先生本来想发掘临淄齐故城,后来因为临淄齐故城遗址面积太大,情况复杂,如果踏进去的话,不是三年五年可以退出来的。

> 发掘城子崖的四位著名代表人物
> 左起第一位是著名古文字学家董作宾;第二位是被称为"中国考古学之父"的李济;第三位是带领中研院史语所的历史研究走向辉煌的傅斯年;第四位是梁启超先生的次子,当时中国考古学的中坚力量梁思永(著有《小屯、龙山和仰韶》)
> 如果说李济是"中国考古学之父",那么梁思永是使中国考古学走上科学轨道的第一人

> **仰韶文化：中国考古学的开端**
>
> 　　1921年，在河南省渑池县仰韶村，瑞典地质学家兼考古学家安特生首次采用田野发掘的方法，发现并命名了中国第一个史前考古学文化——仰韶文化。这是将中国历史与文明的基础和源头追寻到文献与传说时代边界之外的实证性材料。安特生发现仰韶彩陶与西亚、东欧彩陶之间具有相似性，并将此作为"中国文化西来说"的依据。
>
> 　　仰韶文化对于中国考古学意义非凡——这是中国考古第一个以遗址地命名的考古学文化。这种以首次发现的、典型遗址的小地名（如仰韶村、龙山镇、良渚镇等）来命名考古学文化的方法，后来成了中国考古学文化命名的通则。
>
> 　　仰韶村遗址的发掘，被视为近代田野考古学传入中国的标志性事件。1921年也被看作是中国现代考古学的开端。经过几代考古学人的发掘和研究，目前确定仰韶文化的绝对年代为公元前5000年至前2900年。

　　在这个情况下，吴金鼎先生给李济先生提供了城子崖这个遗址的信息。李济先生到现场看过之后，当即拍板发掘城子崖遗址。所以，到了1930年的下半年，入冬之后，史语所考古组的主力就都转移到了城子崖遗址进行发掘。

　　经过两年的发掘，确实如吴金鼎所说，在这个遗址里没有金属器，出土陶器以黑陶为主，由此断定它是青铜时代之前、属于新石器时代的一个遗址。因为当时发现的黑陶比较多，所以也曾经有一段时间，把以城子崖为代表的一类遗存，称为"黑陶文化"，与当时以出红陶为主的仰韶文化相区别。

　　在城子崖遗址的两次发掘最主要的收获，就是确定了它是一种和==仰韶文化、殷墟小屯文化==完全不一样的、新的考古学文化。很快，它就被命名为"龙山文化"。另外，在城子崖遗址的第二次发掘当中，考古学家们还发现了"黑陶文化期"的城址——在我们中国考古学的历史上，新石器时代的城址是第一次被发现。这是非常重要的事情。

> **殷墟小屯文化：发现甲骨文的地方**
>
> 1899年，时任清朝国子监祭酒（相当于国家最高学府的校长）的王懿荣，偶然在药材"龙骨"（龟甲和兽骨）上发现了类似于文字的刻画符号。他凭借着深厚的文字学功底，判定这些刻画符号是失传已久的上古文字，并派人将药店中的这类"药材"悉数买回，加以研究。后来，知道"龙骨"上有古文字的人越来越多，金石学家罗振玉就是其中一个。他多方打探消息，并派人赶赴当时"龙骨"的原产地彰德府（也就是今天的安阳市）去寻找出土的确切地址。几经周折，罗振玉终于弄清，原来甲骨出土于安阳附近的小屯村。
>
> 史语所成立后，所长傅斯年便派董作宾赶赴安阳勘察。董作宾仔细调查后发现，殷墟小屯遗址的地下仍埋藏着大量遗迹遗物。与傅斯年商量后，他便在安阳带队开始了第一次发掘。后来，董作宾又多次参加殷墟的发掘工作，成为中国首屈一指的甲骨学家、古史学家，并当选为中央研究院第一届院士。

当时在西方学者中有一种主流观念，认为中国的文化是从西方传播过来的。长期形成了一种观点，即"中国文化西来说"，他们认为中国的文明是从中亚、西亚传播过来的。然而，当城子崖遗址被发掘之后，考古学者确立了龙山文化。与仰韶文化相比，龙山文化更接近安阳小屯遗址所代表的商文化，这是可以和史书记载对应起来的。所以当时学者们认为，龙山文化的确立为中国古代文化找到了明确的来源，有力地回击了"中国文化西来说"。

城子崖遗址被发掘之后，在山东、豫北、豫东、皖北地区，又发现了一些以黑灰陶为主的遗址。逐渐地，这些以黑灰陶为主的遗址都被称为龙山文化。根据当时已发现遗址的分布情况，考古学家们知道以黑陶为主的龙山文化，主要分布在以山东为主的东部地区；以红陶和彩陶为主的仰韶文化，主要分布在以河南、陕西等为主的西部地区。然后，学术界就提出了一种新的观点：龙山文化最早是从东部的海边起源的，不断地往西发展；

而仰韶文化是在西部的黄土高原起源的，不断地往东发展。走到安阳后冈这个地方，也就是殷墟的旁边，它们会合了。

所以，在这样一种观点的基础上，就形成了一种对当时发现的这两种文化的一个基本认识，就是仰韶文化和龙山文化是东西二元对立的。什么叫二元对立？就是说龙山在东，仰韶在西，这两个文化总体上是同时的，是持续向对方的方向发展的。只是仰韶文化先来到后冈，龙山文化晚一些来到后冈，所以，就出现了龙山文化叠压仰韶文化的地层关系。

▲ 这是发掘城子崖时的照片，李济先生在城子崖骑着毛驴

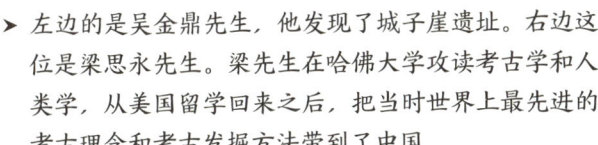

▶ 左边的是吴金鼎先生，他发现了城子崖遗址。右边这位是梁思永先生。梁先生在哈佛大学攻读考古学和人类学，从美国留学回来之后，把当时世界上最先进的考古理念和考古发掘方法带到了中国

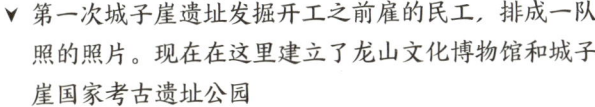

▼ 第一次城子崖遗址发掘开工之前雇的民工，排成一队照的照片。现在在这里建立了龙山文化博物馆和城子崖国家考古遗址公园

各地都有龙山文化？

? 考古学文化

这是考古学中的一个专有名词，指从考古发现中观察到的、属于同一时间阶段、分布在一定地区，且具有共同特征的一群遗存。我们就称这些遗存为考古学文化。

20世纪50年代之后，国内配合基本建设的考古工作如火如荼地展开了。在发掘过程当中，新发现的以黑陶和灰陶为主的遗址越来越多，而且遍及黄河和长江流域。这个时候人们就逐渐地认识到，分布在各地的这些所谓的龙山文化遗址，实际上并不是同一个**考古学文化**。

为了解决这个问题，人们就把各个地区发现的、类似于龙山文化这样的遗存，在前边加一个前缀。比如，在河南发现的叫"河南龙山文化"，在河北发现的叫"河北龙山文化"，在陕西发现的叫"陕西龙山文化"，而山东原来是最早发现的，也有人叫它"山东龙山文化"，或者"典型龙山文化"，形成这样一个局面。

后来，考古学家在河南西部的陕县，也就是现在的三门峡市内，发现了一个很著名的遗址。这个遗址在三门峡水库里面，叫庙底沟。**庙底沟之所以著名，是因为在这里发现了一个很重要的成果，就是依次叠压的三层文化堆积：**龙山堆积在遗址的最上面，仰韶堆积在遗址的最下面，两者之间还发现一个新的文化，即"庙底沟二期文化"。从而确立了黄河中游地区或者说中原地区新石器文化的一个小序列。什么序列呢？学者在庙底沟遗址地层关系的基础上，通过对出土遗物的分析，发现在中原地区最早出现的是"仰韶文化"，然后经过了一个过渡阶段，这个过渡阶段就是"庙底沟二期文化"，然后发展到了"河南龙山文化"。这是一个很重大的突破。

刚才讲到,之前很多人认为仰韶文化和龙山文化是东西二元对立的,时间上可能是平行的,是同时的。那么,这个发现就证明了在河南地区的龙山是晚于仰韶的,而且,当地的龙山文化,是由仰韶文化经过庙底沟二期文化的过渡发展出来的。

1959年,在山东宁阳发现了著名的大汶口墓地,确立了大汶口文化。经过后来的发掘研究,学者认为:大汶口文化早于龙山文化,大汶口文化是东方地区龙山文化的来源。

这样,在黄河中游和黄河下游地区就分别形成了两个文化序列:黄河中游(中原地区)是仰韶、庙二、龙山,黄河下游(山东)是大汶口、龙山。这就意味着在黄河中下游地区可能存在两个不同的文化区。大概在同时,曾经被称为龙山文化的、分布在江南地区的良渚遗址,也被从龙山文化当中分离出来,单独命名为"良渚文化"。我们这个系列里有专门一本讲良渚文化的,它的这个名称是1959年才从龙山文化里边分离出来的。

> **在仰韶时代,有一定数量的彩陶,有大量的红陶。到了龙山时代,就没有彩陶了,红陶也很少,演变为以黑陶和灰陶为主。通常,我们在讨论新石器时代年代划分的时候,可以看到仰韶时代、龙山时代这样的提法,大概它们是紧邻着夏、商、周三代之前的两个时代。**

在中国的新石器时代,有一个时期是以红陶为主的,比如说刚才讲的仰韶文化,还有大汶口文化的早中期也是红陶的数量比较多。依据这样一些共性的发现,学术界提出了这样两个概念:一个是仰韶时代,年代大概就是距今7000年到距今5000年;第二个是龙山时代,年代大约来说就是距今5000年到距今4000年。

距今5000年到距今4000年的龙山时代,如果和文献里记载的传说进行对比的话,它大体相当于传说中的"五帝时代"。目前这是学界的一种主流认识。

龙山文化的分布和年代

经过几代人的努力，现在我们基本可以确认：

> 龙山文化主要分布在以山东为主的黄河、淮河下游地区。向南可以到淮河以南，往西可以到河南东部的商丘，往西北到河北东南部，往东北可以到辽东半岛的大连。

从分布范围来看，龙山文化已经远远地超出了山东省的范围，面积有20多万平方千米。前面我们也说了，这个考古学文化，是从大汶口文化一脉相承发展下来的。我们基本上可以说，**龙山文化所在的地区，以山东为主，但又不限于山东**。有学者依据《尚书·禹贡》的记载，把具有这类共同文化面貌、文化特征的区域，命名为"海岱历史文化区"，简称"海岱地区"。

在中国的新石器时代，特别是中晚期，在中国的核心地区，即黄河、长江和西辽河流域，形成了五大区系。这五大区系就是黄河中游的中原地区、黄河下游的海岱地区、长江中游的江汉地区、长江下游的环太湖地区和东北边最上面的、以燕山南北和西辽河为主要区域的燕辽地区。

现在我们认为，海岱地区的新石器时代，先后有五支考古学文化：

1. 扁扁洞文化（距今约10000—9000年）
2. 后李文化（距今约9000—7000年）
3. 北辛文化（距今约7000—6000年）
4. 大汶口文化（距今约6000—4400年）
5. 龙山文化（距今约4400—3800年）

现在，因为扁扁洞文化发现得很少，学界还有不同的意见，即是不是可以把它单独命名为一个文化。然后就是后李文化、北辛文化、大汶口文化、龙山文化。龙山文化是海岱地区这一串考古学文化的最后一个阶段。

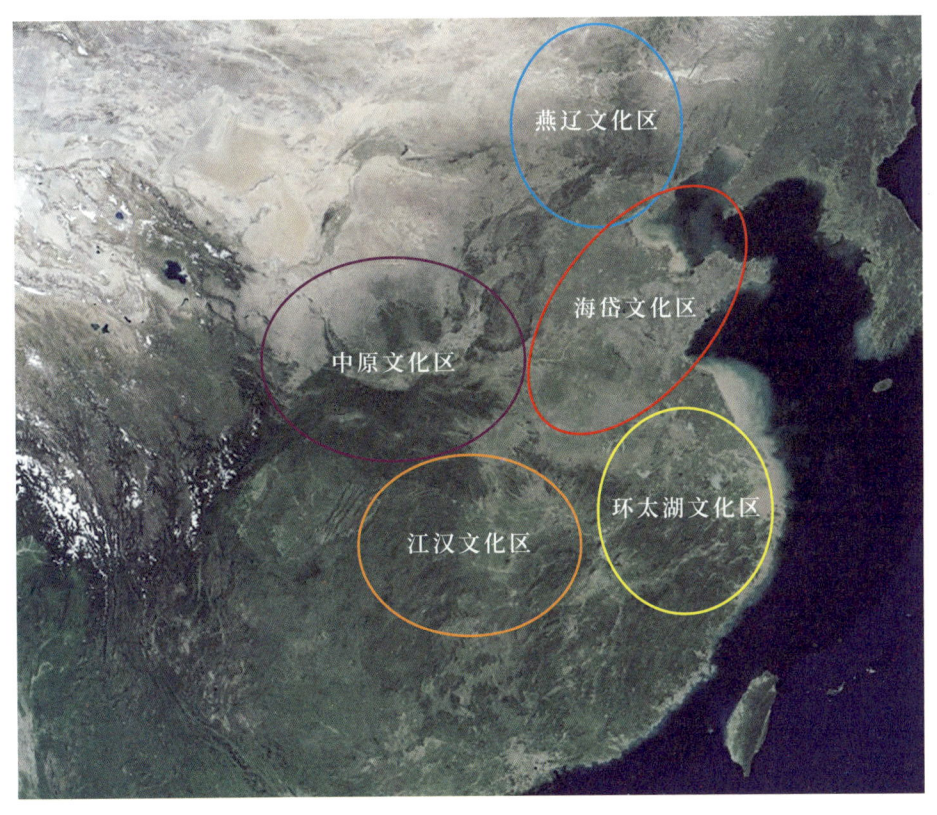

▲ 中国新石器文化的五大区系

◀ 龙山文化的分布区

龙山文化的分布区很大，有20多万平方千米。到了周代，这个范围里面还有近百个国家。在龙山时代，这一区域是什么样子的呢？从考古发现来看，这一片大的文化面貌是比较一致的，所以我们把它统称为龙山文化。但是，在这个分布区里面，不同的地理单元、不同的小区域，它的文化面貌和特征存在差别。比如说，胶东半岛，与临沂、潍坊、济南、菏泽，都有可能不一样，各有自己的特点。我们想想，即便现在都是在山东省，大家的习惯是不是还不一样？临沂吃煎饼，烟台、滨州、德州等地就不吃煎饼；济南、烟台、菏泽的方言和习俗，也很不一样。现在国家统一到这个程度，文化还存在着这么明显的差异，可想而知，在新石器时代，这种差异更大。

那么，在考古学上我们怎么来处理这些差异呢？我们就采用一个比"考古学文化"更低一层的名称，来分辨它们之间的差别，这个名称叫"地方类型"。所以，同一个考古学文化内部，可以分成很多类型。

依据目前学界的研究成果，我们一般把龙山文化进一步划分为七个类型：泰沂山系以北三个——胶东半岛（杨家圈类型）、鲁中北（姚官庄类型）、鲁西北（城子崖类型）；泰沂山系以南三个——鲁东南（尧王城类型）、鲁中南（尹家城类型）、鲁豫皖（王油坊类型）；苏北淮海地区一个（苏皖类型）。

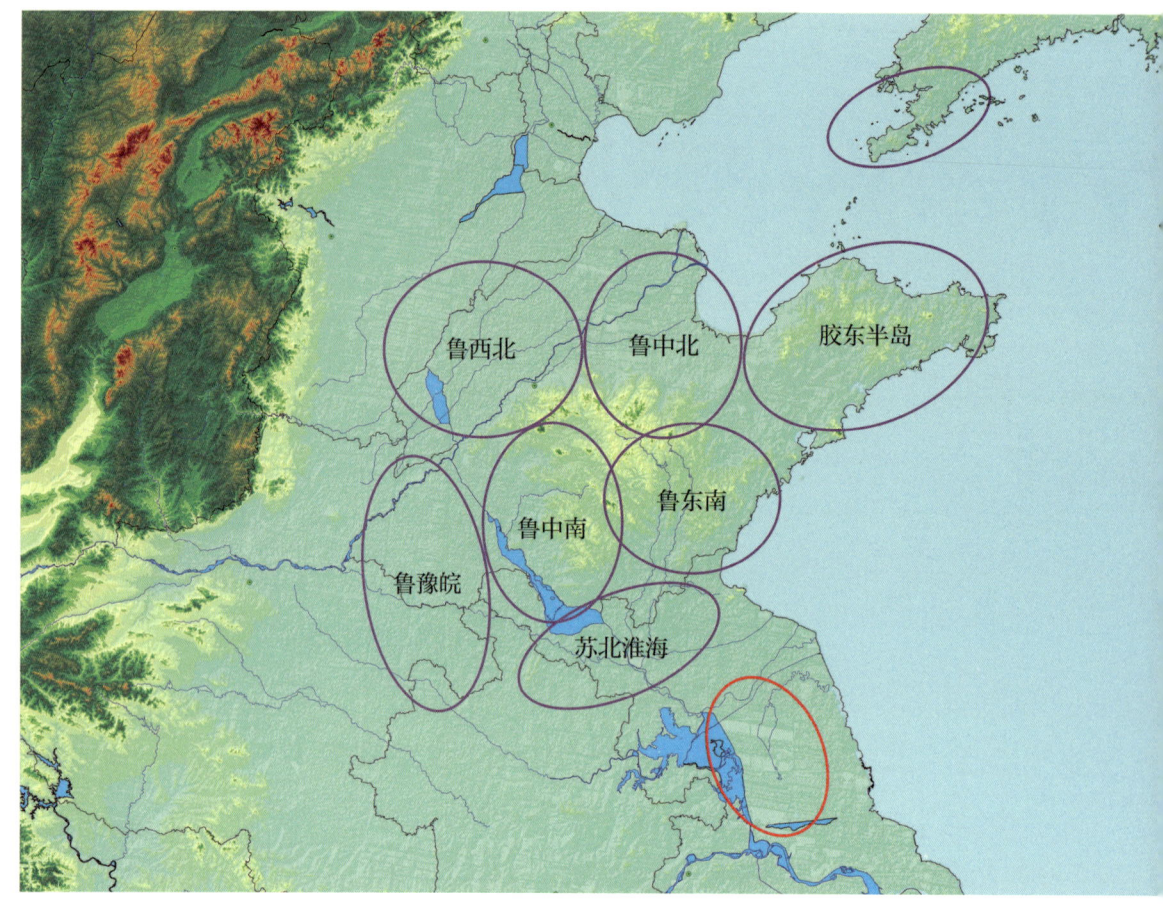

▲ 海岱龙山文化地方类型分布示意图

　　到了龙山文化晚期，这个文化又向外扩散：东北跨海到了大连，把这个本来不属于龙山文化的地区变成了龙山文化分布区；往南发展渡过淮河，到达长江边，又形成一个小的龙山文化分布区。其实在每一个地方类型里面，仍然存在着区域差别。比如说胶东半岛，东部和西部一样吗？东部的荣成、文登、乳山、威海和西部的莱州、龙口、招远一样吗？也不一样，所以下面还可以再分。这里我们只是基本了解一下，如何研究和认识考古学文化的共性和内部差异。

　　我们在考古学上讲的年代，一般是两个年代：一个是相对年代，就是谁早谁晚，不管早多少晚多少，只管谁早谁晚；第二个是绝对年代，绝对年代就要给出一个具体的数，距今到底多少年。

龙山文化的相对年代，根据多年来的发掘，层位关系很清楚：晚于大汶口文化晚期，早于岳石文化。刚才我们讲到那一串文化序列里面，龙山文化排在大汶口文化后面，而龙山文化的后面是岳石文化。因为岳石文化是属于青铜时代的文化，所以我们就没有把它写在新石器时代的文化序列里面。

对于没有文字记载的新石器时代和旧石器时代晚期，绝对年代的判定主要依据碳14测年数据，目前最准确的就是它。

在20世纪80—90年代，学界公认的龙山文化绝对年代在距今4600年到距今4000年之间，这个基本成了定论。但是从中华文明探源工程实施以来，对测年数据的要求在不断提高，其中有两项非常大的改进。

第一，引入了加速器（AMS）测年方法。过去常规的碳14测年，测一个数据要不少于50克的碳，要用一大把才够，在考古发掘里边找这样一大把是很难的。那么引入加速器这个方法之后，一个小米粒的量就可以测年。这样对于样本量的采集就容易多了。

第二，我们越来越发现，用碳14测年，测

> **? 青铜时代**
>
> 青铜时代是指人类历史上以使用青铜器为主要特征的时代，介于石器时代和铁器时代之间。按当前学界的研究，中国的青铜时代主要指夏、商、西周三代，绝对年代大致为距今4000年到距今2700年。

> **? 什么是碳14测年？**
>
> 碳是有机物的元素之一。生物在生存的时候，由于需要呼吸，其体内碳14（C 14）的含量大致不变。生物死去后会停止呼吸，此时其体内碳14的含量开始减少。碳14的半衰期为5730年（还有一种说法为5568年），也就是说，每经过5730年，生物体内碳14的含量就会衰变掉一半。放射性碳素测定年代法是最常用的考古测年方法，它所能测定的年份最久的可达50000年。人们可通过测定遗存中碳14的含量，来估计生物体死亡的年代。

木头的误差会比较大。为什么？比如说一棵树长了一百年，如果测年的材料是最靠近树干中心的部分，那测出的树龄就会比较老，如果是最靠近表皮的地方，那就比较年轻，这样就会差一百年。况且有些树不止活了一百年，那误差就更大了。所以，现在我们要求测年样本是一年生的植物，只活一年就死了，这样就避免了因为测量标本的不同所产生的误差。

经过改进之后，首先是在二里头遗址的测年里发现了与以往不同的数据。我们这个系列中也有许宏的作品，他会给大家讲到二里头遗址的年代，比一开始判定的晚了100多年。

所以，大家注意，以后当你看到龙山文化的绝对年代出现矛盾时，不用觉得很奇怪。引用老的数据就是距今4600年到距今4000年，引用新的数据就是距今4400年到距今3800年，甚至距今4300年到距今3800年。

延续了五六百年之久的龙山文化，可以进一步划分为早、中、晚三期：

按照文献记载和夏商周断代工程的研究成果，历史上的夏代，大约在距今4070年到距今3600年。按这个年代来看，龙山文化的早期在夏代之前，龙山文化的晚期与夏代的早期重合。

在文献的记载中，东方（主要是山东地区）为东夷部族的分布区。东夷文化是中华古代文明最重要的组成部分之一，那么龙山文化，恰恰是东夷文化发展历史上最辉煌、最鼎盛的一个时期。

> 重新测年后，我们发现整个龙山时期的年代比原来晚了约200年。现在很多教科书上提到龙山文化，会说它距今4600年到距今4000年，这种观点在慢慢动摇——往后退200年，就退到了距今4400年到距今3800年。

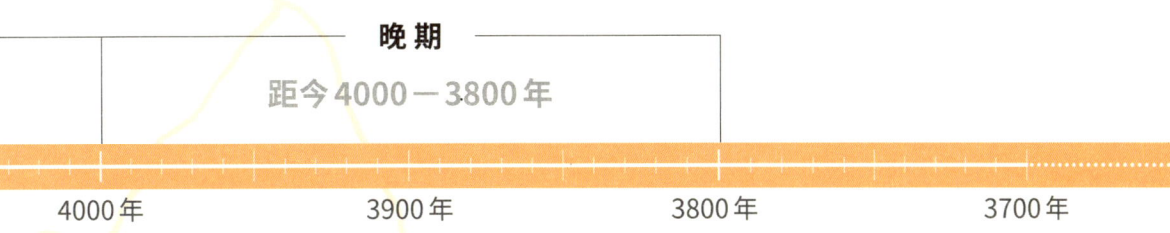

晚 期

距今4000—3800年

4000年　　　　3900年　　　　3800年　　　　3700年

龙山时代的社会到底是什么样？

我们大概可以从以下三个方面来看：居住和埋葬（生前死后的居所）、生业经济（吃的什么）、手工业经济（用的什么）。这是我们考古学最有用武之地，也最能解释清楚的内容。当然，龙山文化的文化内涵也不仅仅限于这三个方面，还有很多方面。限于篇幅，我们就不展开了，先从这三个方面，来基本了解一下龙山文化的社会是一个什么样子。

居住和埋葬（房屋建筑和墓葬）

到了龙山文化的时代，人类社会其实已经经过了几百万年的发展。目前的考古研究告诉我们，在距今一万年前的新石器时代初期就产生了农业。农业的产生不会是宇宙大爆炸式，而是长期积累的结果。再到龙山时代，又经历了有六七千年的时间。

龙山文化的居住遗存，主要是适合于小家庭居住的房址。什么叫小家庭呢？我们通常也会叫"个体家庭"，或者"核心家庭"，就是父母加子女，这样的家庭。战国时期孟子说的五口之家、四口之家，就是这样的小家庭，是最小的社会细胞。

房址主要有三种不同的结构：地面式房址、半地穴式房址、台基式房址。数量最多的就是第一种——平地上盖起的房子，找一块平整的地，或者把一块原本不平整的地块整平，房子就在上面盖起来。第二种是挖一个深浅不等的坑，以这个比较规整的坑为房子的基础，然后在上面把房子盖起来。第三种是在地面上先堆土，夯打出一个高出地面的台子来，在台子上盖房子。

当时房子的墙体结构也挺复杂的，既有用土坯垒起来的墙，也有用土打起来的墙，还有用小柱子当"骨骼"，然后再涂抹泥的木骨泥墙。

我们看右边这张照片。这是一个夯土墙的方形小房子，七八平方米，里边颜色发黑的位置是个灶，做饭的地方，前面的缺口是进出的门道。

下面这张照片是一个用土坯墙垒成的圆形房子，颜色发黑的地方依然是一个灶。这个圆形房子的墙是用土坯垒起来的。大家看这个断面，黄色的是土坯，黑色的、很细腻的、发黏的泥是一

▲ 方形夯土墙房址

▲ 圆形土坯墙房址

▲ 土坯墙

种黏合剂，相当于今天的水泥或者石灰。在1960年以前，山东农村盖房子，还是用这种细泥做黏合剂。那时候水泥和石灰比较昂贵，一般人用不起，都是用这种细泥作为黏合剂来建造房子。

下面这张图是木骨泥墙的示意图。在规划好的平地上先挖出墙下的基槽，在槽里面立很多细密的柱子，立好之后用灌木把它编起来，然后用草拌泥里外涂抹，做成所谓的木骨泥墙。这种房子现在还有，我之前在青岛城阳的农村，见到过很多这种木骨泥墙的房子。

> **你知道考古报告中的字母代表什么意思吗？**
> M代表墓葬
> H代表灰坑
> G代表沟
> Y代表窑
> F代表房址

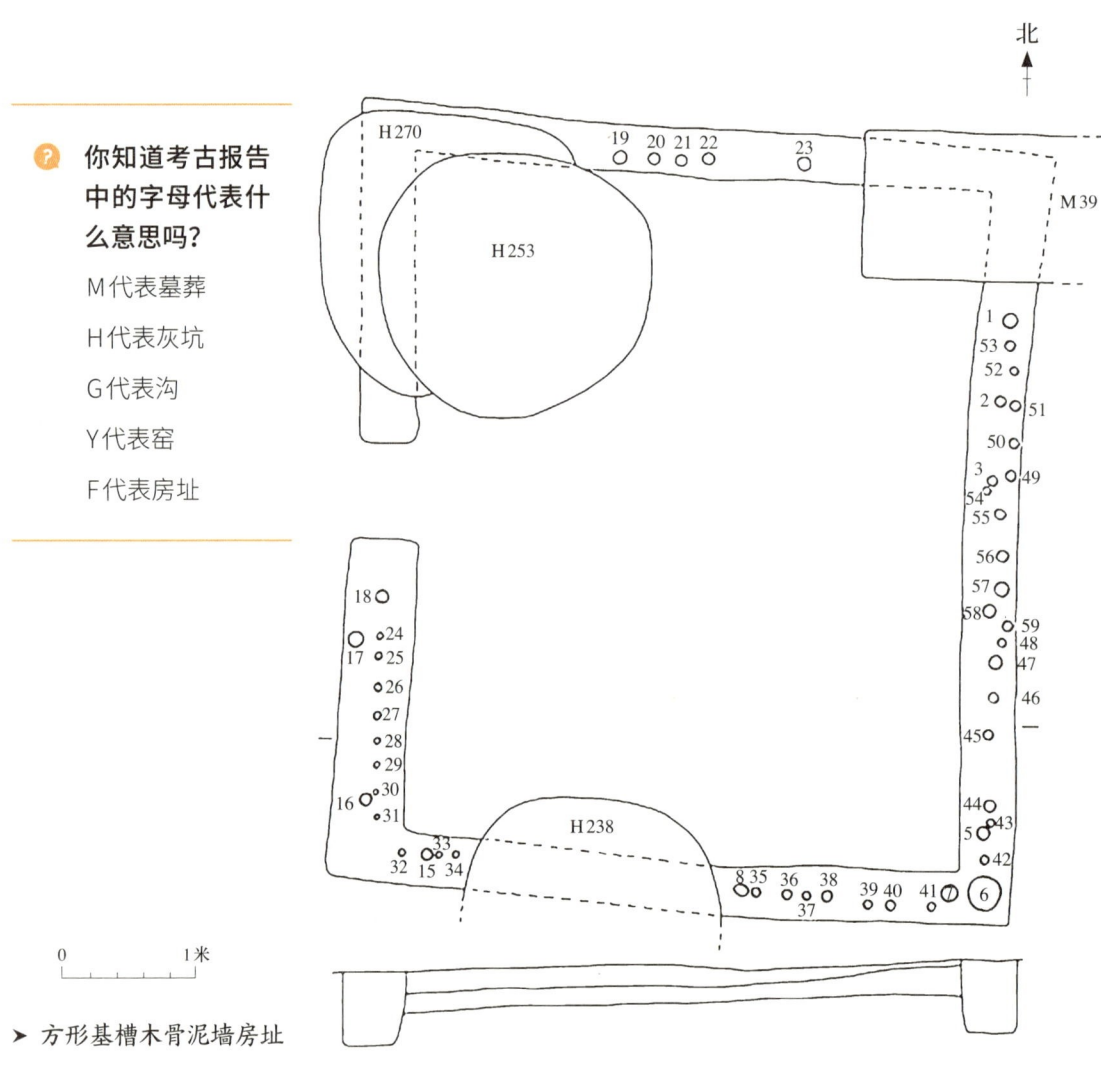

▶ 方形基槽木骨泥墙房址

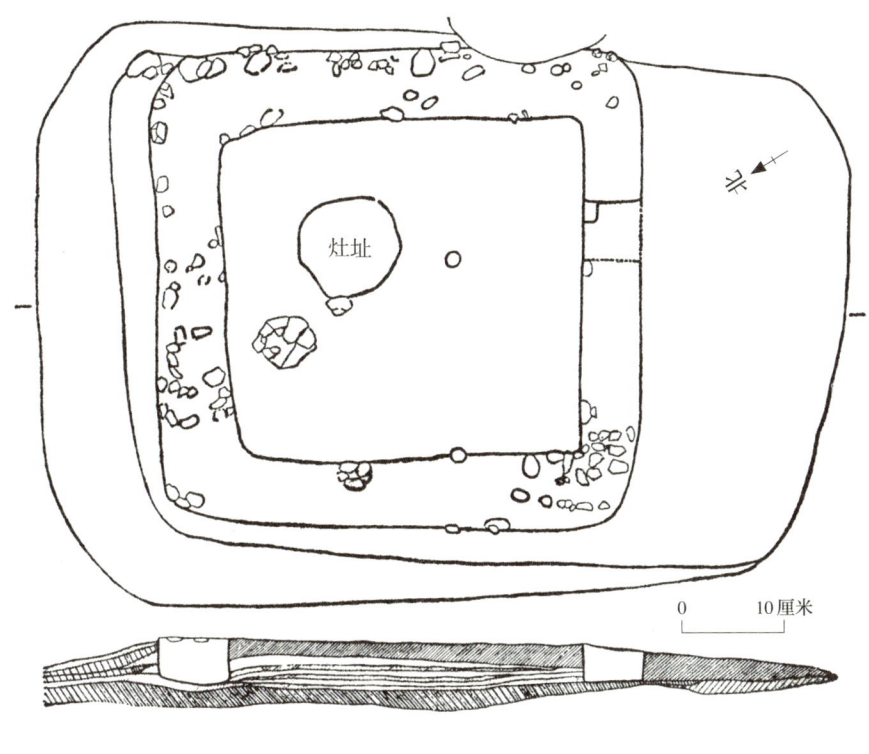

▲ 方形台基式房址（东海峪遗址F301平面图）

上图是台基式房址的示意图。我们看到，古人先在地面上垫出了一个台基，就是在平地上垫出一个高台来，然后在上面挖基槽、盖房子。这种房子后来就演变成了宫殿。你到西安去，看大明宫、麟德殿的遗址，都是在七八米，乃至十几米高的大台子上面。你到北京，看故宫的太和殿，也是有一个高高的台基，然后在台基上面再盖大房子。

龙山文化的墓葬，既有比较集中的公共墓地，也有许多散落在聚落当中，零星埋葬的墓葬，后者就是所谓居葬合一的葬俗。从葬俗方面来讲，龙山时期普遍流行长方形土坑竖穴墓，就是在平地挖一个长方形的深坑，把人放在里边。后面我们会讲到龙山文化时期社会分化很严重，墓葬之间的差别非常大，不过土坑竖穴这一点没有变，就是坑大小和深浅不同

21

而已。最小的坑一米八长，三四十厘米宽，勉强把人塞进去。大的坑多大呢？长六米，宽五米，一个人占个大位置，这从一个方面说明社会分化很严重。

龙山时期流行单人葬，也就是一个墓坑里面只埋葬一个人。比它早的大汶口文化，曾经流行过合葬，一个墓坑里可以埋几个人，甚至数十个人。这种现象到龙山时期就没有了。埋葬的人，葬式多为仰身直肢，头向绝大多数朝东。通过保存好的人骨可以看到，当时的人有拔牙习俗，就是把牙齿有意识地拔掉一些。这在龙山文化的前身大汶口文化中也是很流行的，70%的人要有意识地敲掉一些牙，到了龙山时期仍然有人这样做，不过少了许多。另外，龙山文化的墓葬里面埋葬的人，也有手里握着獐牙的习俗。

龙山文化时期的社会分化非常严重，表现为墓葬和墓葬之间的差别非常大。衡量这个差别的指标是什么呢？第一，墓室的大小。刚才我们也讲到了，墓室最小的只有0.5平方米，最大的达到了30多平方米，我们可以算算差多少倍。第二，有没有葬具，葬具多还是少，这个非常重要。大家看《周礼》里边的记载，很多都是和丧葬有关的。葬具的配置，与墓主当时在社会上的地位和等级是密切相关的。我们说龙山文化时期社会发生了分化，这在墓葬里面反映得很清楚。在房子里面我们已经看不到了，我们发掘出的那些房子都是被破坏过的，里边没有东西，或者东西都被拿走了，不知道人活着的时候里面的差别。但是墓葬因为被埋在下边，不容易被破坏，可以完整地保存下来。我们通过墓葬里面的结构、墓室的面积，以及后面将会讲到的随葬品的质量和数量，可以来看到当时人的社会差别。

生业经济：农业、家畜饲养、渔猎

经济本来是指生产活动，主要包括生业经济和手工业经济两大类别。生业经济就是指提供人类食物的这种生产活动。生业经济主要包括：农业、家畜饲养、渔猎、采集等。人们通过这样一些活动，来满足自己的食物供给需求。

我们先说农业。

自新石器时代产生农业以来，到龙山文化时期，我刚才说了，经过了六七千年，乃至七八千年，农业经济得到了高度发展。到了这个时候，在我们早期文献里边记载的"五谷"，在龙山文化时期全部具备了。

在龙山文化的分布区里，因为地理位置的差异，环境气候不一样，还形成了不同的农业区。比如以种谷子和黍子为主的旱作农业区，以种水稻为主的稻作农业区，或者这两种农作物混合的农业区，大概有这样的三种情况。北部、西北部是旱作农业区，东南部是稻作农业区，胶东半岛是旱作农业和稻作农业混合的这样一个区域，很有意思。我们从考古中看到的这个情况，和后来的农业区已经基本没有什么差别了。这方面研究工作的发展，就在考古学里面形成了一个新的分支，叫"植物考古学"。

> 五谷，在《周礼》《孟子》《楚辞》中都有记载，所记载的作物种类不完全一致，一般认为是"稻、黍、稷、麦、菽"，大体包括了粟、黍这两种小米，以及稻米、大豆、小麦这几种作物。

这是两城镇遗址的发掘现场。这个发掘现场和我们常见的不一样。你看旁边有很多人在筛土，就是文化层的土挖上来以后，全部要过筛子。光是过筛还不行，还要取定量的土，将其晒干打碎，然后放在水里面洗，这种方法在考古学上叫"浮选法"。这样，隐藏在土里面的那些肉眼看不到的东西，

▼ 两城镇遗址发掘现场

可以在水里漂上来、沉下去。土溶化之后随着水都流走了，那些比水轻的炭化植物就漂起来了，而那些比水重的小的动物骨骼、小的制作石器剥落的碎片就会沉淀到下面，这样就可以获取很多新的资料。这些资料在过去我们根本拿不到，都跟着挖掘的废料一起扔掉了。现在的考古工作越来越仔细了，所以新的发现也越来越多。

我们前面说的五谷，全是在水洗的过程中被发现和拣选出来的。大家看，下图就是炭化的小米（粟和黍）、炭化的大豆、炭化的水稻、炭化的小麦。

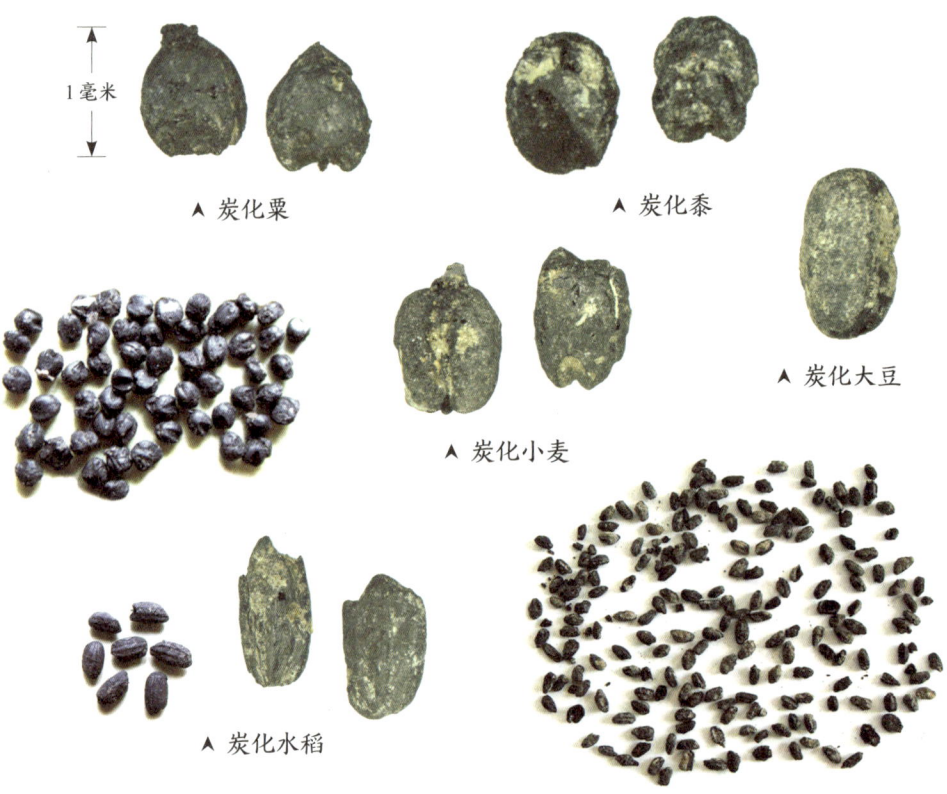

▲ 炭化粟　　　　　▲ 炭化黍

▲ 炭化大豆

▲ 炭化小麦

▲ 炭化水稻

这些炭化的植物，现在都可以直接拿来做测年。我们在北方地区地下的文化层里发现了水稻，特别是还发现了小麦。我们知道，水稻起源于中国南方，离北方比较近，很容易传播过来。但是小麦不是我们东亚地区自己驯化出来的，是西亚最先驯化出来的，距今5000—4000年，经过了长途跋涉传播到中国来。现在黄河流域是小麦的主产区，很多遗址上面现在就种着小麦。我们发现的这些小麦，是现在的还是龙山的？田里的老鼠打洞可以打到四五米深，很多植物类的东西就顺着老鼠洞下去了。这会不会是老鼠带下去的？所以现在我们确定一个遗址是不是有龙山时期的水稻，是不是有龙山时期的小麦，一定要拿发掘出土的炭化种子做测年，即便这个样本很珍贵。如果水稻、小麦的测年是4000年、4200年，那是龙山的没有问题；如果一测年是150年、50年，那肯定是后来混进去的。

河南有一个很著名的贾湖遗址，出土了8000年前的骨笛，现在还可以吹响。在那个遗址里，考古工作者就发现了十几粒小麦。如果真的是贾湖时期的小麦，那可厉害了！8000年前小麦就到中国来了吗？我们现在认为，小麦传入中国的时间是4000多年前。后来，考古工作者用几粒小麦做碳14测年，没有超过200年的。这就证明小麦是后来混进去的。所以大家可以不用怀疑考古人员公布的年代。做考古工作，我们首先是会怀疑的，确认无疑了才会公布，这也证明了考古的科学性。

炭化植物类的东西不仅会掺杂在土里边，烧陶器的时候，它们也会在陶胎里留下印痕。你看，这是在辽东半岛旅顺王家村遗址发现的（右图），在陶器的陶胎里留下一粒水稻的印痕。因为这一件陶片是龙山文化时期的，所以陶胎里的水稻也一定是当时做陶器时不小心掺进去的。

下图中的稻壳印痕是在栖霞的杨家圈遗址中发现的。在抹墙的红烧土里边，有水稻的印痕，纹理都看得清清楚楚的。一粒稻子混在抹墙的土里边，后来经过烧烤，稻子就烧没了，但痕迹还在。这个痕迹就证明它是粒水稻，确定无疑，不用碳14测年，因为它就出在龙山文化的地层堆积里边。

▼ 红烧土中的稻壳印痕

▲ 杨家圈遗址出土的粟壳及粟叶

> **? 什么是植硅体?**
>
> 高等植物的根系在吸收地下水的同时，吸收了一定量的可溶性二氧化硅。这些二氧化硅，经过植物的输导组织输送到了茎、叶、花、果实等处，而后在植物细胞间和细胞内沉淀下来，形成非晶质二氧化硅颗粒。它非常非常小，要放大60倍、80倍、100倍才能看到。不过，植硅体的数目众多且分布广泛，1克的禾本科植物叶子中就有10万~100万个植硅体。植物的各个部位都可以产生植硅体，其中叶片中产生的数量最多。

植物的叶子，也是很有意义的。我们在栖霞的杨家圈遗址中，发现了稻壳的印痕，也发现了稻叶的叶痕。有稻叶，那么我们就可以推断说，这个东西是在当地种植的。如果是光有种子，比如光有大米，哪怕是带壳的稻子，那么这个大米也有可能是从南方运过来的，不一定是在当地种植的。所以，稻叶叶痕的发现对我们来说非常重要。考古学研究的资料一定是多方面的，要用不同的证据来加以证明，才能够得出一个可靠的、正确的结论。

还有一种更不一样的发现：水稻的 植硅体 。

一片稻叶上、一根稻茎上，会有很多很多这样的植硅体。不同的植物，植硅体的形态都是不一样的；而且同一类植物不同部位的植硅体形态也都不一样。比如水稻的植硅体在显微镜下面看，有的像扇子，有的是长方形，还有的像哑铃。

通过这些，我们不仅能追寻到哪里有稻田，哪里曾经储存过水稻，甚至还能追踪到水稻的加工场所。这些都要归功于现代自然科学技术在考古学里的应用。现在考古学有一个新的分支叫科技考古，就是大量地采用现代科技的方法，在实验室来进行检测、分析和研究。我们山东大学的考古专业最近20年来，逐渐建立了近20个实验室，可以做各种各样的检测、分析、研究。即使找不到当时存在的那些东西，我们通过人类骨骼的同位素检测，也能知道这个人活着的时候主要是吃什么的。是吃小米的，还是吃水稻的？是吃肉的，还是吃海产品的？说起来是不是很神奇！

对我们的研究来说，植硅体的优点是不会腐烂。稻叶腐烂了，里面的微细结构不会腐烂，它就会落在地里边。如果这个地方常年种水稻，土里面水稻的植硅体就会非常多；如果不种水稻，土里就没有水稻的植硅体。所以当我们碰到植硅体非常非常多的地层，那么这里曾经就非常有可能是水田，是当年种植水稻的地方。每年稻子割走了，大量的叶子、根都扔在这儿，明年再种，后年再种，年年都种，里面就有无数的水稻植硅体。过去我们认为农田没法找，几千年过去了，沧海桑田，变化巨大，怎么找农田呢？现在终于有办法了。

我们现在认为，可能比龙山文化更早的时候，水稻就传过来了，在龙山文化之前的大汶口文化时期就传过来了。而且，它继续往北走，往辽东半岛走，往东北亚地区走，往朝鲜半岛走，往日本列岛走，不断地向远方传播。最近这些年，我们一直和日本九州大学的研究人员一起，合作研究稻作农业向东北亚地区的传播问题。日本人现在主要吃水稻，但是日本不是水稻的原产地，他们那里没有野生稻，不可能驯化出水稻来，水稻是从中国南方，先进入辽东半岛和朝鲜半岛，再传到日本去的。那么，它什么时候传过去的？什么途径？走的哪条路？这是目前我们正在研究的一个课题。

说完农业，我们再说说家畜饲养和渔猎。

在龙山文化时期，"六畜"当中除了马没有，其他都有了。牛、羊、马，这三种家畜可能是从西方传进来的；而猪、狗，还有鸡，是在我们本地驯化的。这一门类或者分支学科，我们现在叫动物考古。动物考古主要就是利用各种各样动物的骨骼、牙齿等开展研究。动物死亡之后，其他部分是没有了，但骨骼和牙齿等硬体部分可以保存下来，如果年代超过1万年，还有可能形成化石。新石器时代以来的动物骨骼，还都没有石化，不是特别恶劣的条件（如埋藏在酸性土壤里等）都可以保存下来。

> 六畜，在《周礼》《左传》中都有记载。杜预注解《左传》时写道六畜为：马、牛、羊、鸡、犬、豕（猪）。后来，《三字经》进一步总结："马牛羊，鸡犬豕。此六畜，人所饲。"

捕猎野生动物也是获取肉食的重要途径。在龙山文化时期，发现数量最多的野生动物是各种鹿类动物。在沿海和沿湖地区，人们会因地制宜地捕鱼、捞贝、捞蚌等。

手工业经济：石器、玉器、陶器

龙山文化时期的手工业经济得到空前的发展，门类很多，像石器制作、骨角器制作、陶器制作、木材加工、建筑、纺织、酿酒等，在这个时期都已经形成了一定的规模，有的甚至进入了专业化生产阶段。

我们先看石器。

可以说，石头是对人类最重要的一种材料。我们人类有300万年的历史，其中299万多年都是处于石器时代。青铜器才出现4000年，这对于300万年来说就是一眨眼的时间。石器是早期人类最主要的生产工具，也是生产力发展水平的标志。所以，石器研究特别重要。

人们根据石器的进步程度分为旧石器和新石器两种不同的时代。石器的种类很多，主要可以分为工具、武器和装饰品。工具里边包括农业工具（挖土和中耕的石铲，收获的石镰和石刀）、手工工具（砍伐木材的石斧，加工木材的石锛、石凿和石锲，制作石器的石锤、磨石等）。渔猎工具和武器不太分得开。一个箭头，射动物的时候它就是个狩猎工具；射人的话，它就是个武器。从这里我们也可以看到，实际上武器也都是从工具演化来的，其他还有钺（yuè）、矛、镞等。装饰品就很多了，以人体装饰为主，像环、镯、坠、项饰、耳饰等。

砍树用斧，削平木头用锛，打孔用凿，截木头用锲，把石器打成毛坯和粗加工用锤，而磨制光滑就要用磨石。

▲ 锛（bēn）

▲ 锲（qiè）

▲ 凿

▲ 斧

◂▲ 磨石

挖土要用铲，收割东西要用镰，掐谷穗、稻穗要用刀，其实我们看这些工具的基本样貌和后来出现的铁制工具没有太多区别，就是材料是石头的。很多地区也出现了用石头做的犁，平面形状是三角形的。

▲ 农业工具

下图左侧两件是钺。钺是一种特定的武器，国王的"王"字就是由钺的形状演变来的。右侧是箭头，各种不同的箭头。

▲ 武器和狩猎工具

玉器出现得很早，距今有8000多年，但是数量一直不多。从5000多年前的大汶口文化中期开始，海岱地区玉器的数量突然增多，慢慢形成了一个独特的玉器文化，我称它为"海岱系"玉器文化。玉器主要出土于大中型墓葬之内。比如，江苏新沂的花厅遗址和山东章丘的焦家遗址，出土的大汶口文化玉器都在500件以上，数量很多。

到了龙山文化时期，玉器中礼仪用玉的数量大增。比如，鲁东南的五莲丹土遗址，出土了60余件玉器，绝大多数为钺、璧、刀等大型玉礼器；临朐西朱封遗址发现的3座特大型墓葬内，出土玉器也是以钺、璧、刀等为主。除了钺、璧、刀，龙山文化的玉礼器还有璋和圭，以这五类为主。

> 龙山文化时期的玉器，制作技术和工艺水平，比大汶口文化晚期有显著提高，达到海岱地区史前时期的最高水平。

▲ 戴在胳膊上的环

▲ 挂在胸部的一个坠饰

◀ 这是一只圆雕石猪，前面有个较短的猪嘴，显然是家猪。从中部的乳房看，这还应该是一只母猪

33

从工艺上说，龙山文化玉器的制作工艺大概有以下几个特点：

第一个特点，开料普遍采用了片切割的技术。在更原始的时候，玉器切割是用绳子混着解玉砂来回拉动的，在这个过程中，绳子会来回摆动，所以切割出来的玉料表面往往不平。后来工艺进步了，人们开始用硬的锯来切割，这种方法被称为片切割，这样切割出来的玉料表面会比较平。

第二个特点，龙山时期十分流行片状玉器，玉器的厚度非常薄。有的大件玉器薄到你不敢想象的程度。比如，下面这件51厘米长的大玉刀，它的厚度只有0.3厘米。

▲ 玉刀

▲ 玉钺

像左侧这件在丹土遗址出土的大玉钺（因为两侧边有突起的扉牙，所以也被称为玉戚），长度达16.5厘米，宽12.4厘米，其最薄的地方只有0.18厘米。而尹家城遗址出土的一件玉钺，最薄处居然不足1毫米，令人叹为观止。玉器制作得特别薄，是龙山文化玉器的一个显著特点。

第三个特点，雕刻、镂空、镶嵌技术日臻成熟，达到了炉火纯青的地步。在山东临朐西朱封遗址发现的几座大墓，现在考古学界普遍认为是王墓或王室成员的墓，墓里边出了两件非常著名的簪子，也叫玉笄（jī）。

这一件簪子太华美了，显然不是日常随便插头发的簪子。上面的玉冠是软玉，两边对称雕刻得非常严整，包括所有的孔，都是对称的，大小一样，尺寸也一样。这是由一块整玉做出来的，意味着什么呢？有一个地方做坏了，整个都报废了。

簪子上还镶嵌了两颗绿松石。在玉上做镶嵌是很不容易的，要先钻一个洞，再做一个塞子塞进去，塞子和洞必须严丝合缝，这需要相当高的技术。

下面的簪柄是用一块墨玉做出来的，整体做成竹节状，表面有许多突起的凸棱。上下连成一体，真是一件罕见的国宝级文物。从这件玉簪上，我们再次看到，到了龙山文化时期，玉器的制作已经达到了一个非常高的境界。

◀ 玉簪

❓ **古人是把一切美丽的石头都当玉吗？**

东汉的许慎在《说文解字》中说，"玉，石之美者"。不过，考古研究告诉我们，古人并非把一切美丽的石头都当作玉。在崧泽、凌家滩等新石器文化遗址中发现的玉器，90%以上都是透闪石软玉，这种传统延续到后面的良渚、石家河等新石器晚期的考古学文化。在良渚古城内外，等级最高的反山、瑶山大墓里，透闪石软玉的比例几乎达到100%；在其他中小型墓葬里的比例平均也超过75%。这告诉我们，古人所认定的"真玉"即是透闪石软玉，具备了体现权力、地位的礼制属性。我们日常说的和田玉就属于此类，以温润、细腻著称。

还有一件簪子。一块玉，中间旋出一个镂空，在不到1厘米的柱上，雕出了三个人面神像。我们可以分别看出他们的眼睛、鼻梁、嘴。可见当时的玉器制作技术已经达到了非常高的水平。

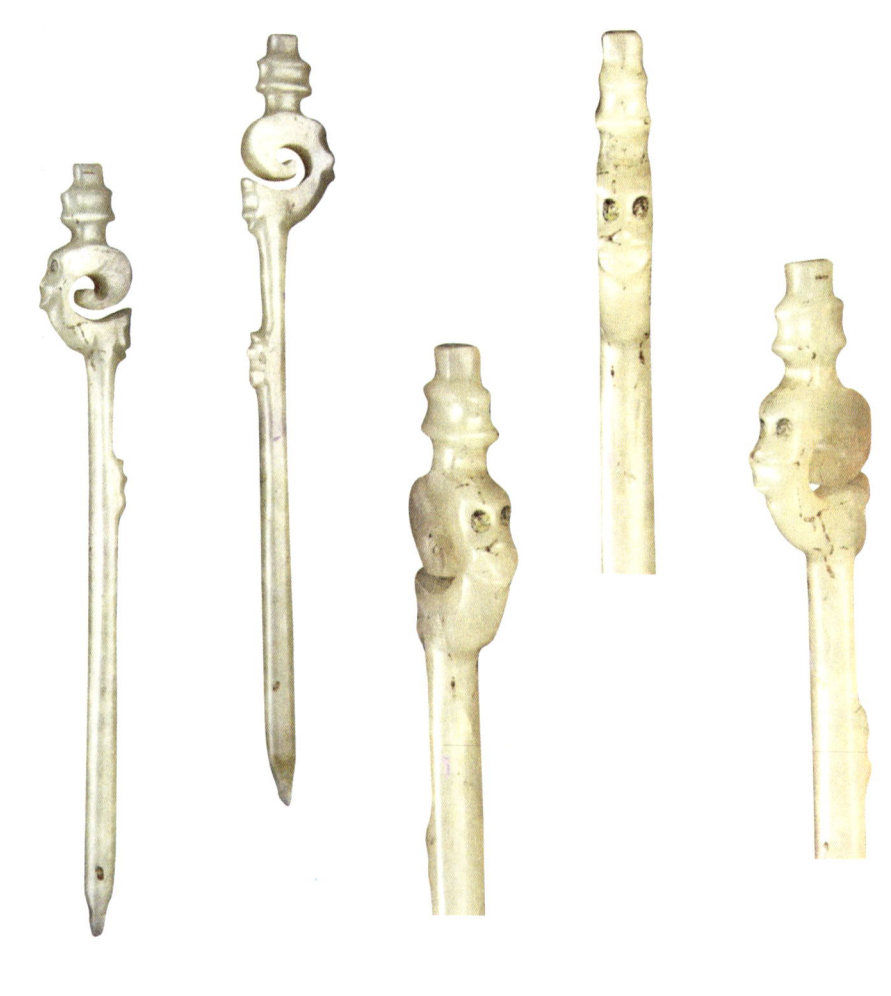

▲ 玉簪

❝ 从大汶口文化到龙山文化，海岱系玉器在功能上最主要的变化，就是从以装饰用玉为主转向以礼仪用玉为主。❞

龙山文化的礼仪用玉主要是五大类：钺、刀、璧、璋、圭。

玉钺，从平面上看接近长方形，刃几乎是直的，在靠近顶端的位置通常会有一两个孔。有的在一个侧边也会钻一个小孔，孔内镶嵌绿松石等质料的塞子。

龙山文化中也发现了部分造型比较特殊的钺，如：刃部呈齿状的，叫齿刃钺；两侧边上半部出扉牙的，一般称为戚，或者叫戚形钺。

◀ 齿刃钺

玉刀，整体比较大，器身一般会有四个孔，往往三个孔在较窄一些的顶端，排成一排，另一个孔则在较窄的一端中部。这种安置孔的方式，应该具有尚未被考古学家破解的特定含义。

▲ 玉刀

37

玉璧，除了常见的圆环形璧，龙山文化还发现了一些特殊形制的璧，如方形璧、有领璧（中间靠近孔的地方高起来，像个衣领子一样的璧）、牙璧（带牙的）等。特别是牙璧，不仅数量多，造型奇特，而且为海岱系玉器文化所独有。随着更大范围区域之间的文化交流，牙璧这种特殊器形，传播到了黄河中游，甚至长江中游等更为遥远的广大地区。

▲ 方形璧

▲ 璧环

▲ 牙璧

▲ 牙璋

▲ 有领璧

牙璋，长得很奇怪的一种礼器，目前海岱地区共发现了八件，年代在大汶口文化晚期和龙山文化前期。后来，它先是向西传播到了黄河中游地区，随后往南传播。在四川成都附近的三星堆和金沙遗址，出土了大量的牙璋，大的接近2米，小的只有巴掌大小。不仅如此，在南海的沿海一带，如香港最南部的南丫岛就发现过一件，有的甚至流传到越南的北部地区。

玉圭，一般是窄长条形，一端往往有一个孔，一端有刃，有些圭上还刻有很神秘的纹饰。比如，在两城镇遗址出土过一件著名的玉圭，长17.8厘米、宽5厘米，靠近背端的两面均刻有线条纤细的神徽图像，应该是带冠祖先神的形象。

▲ 玉圭

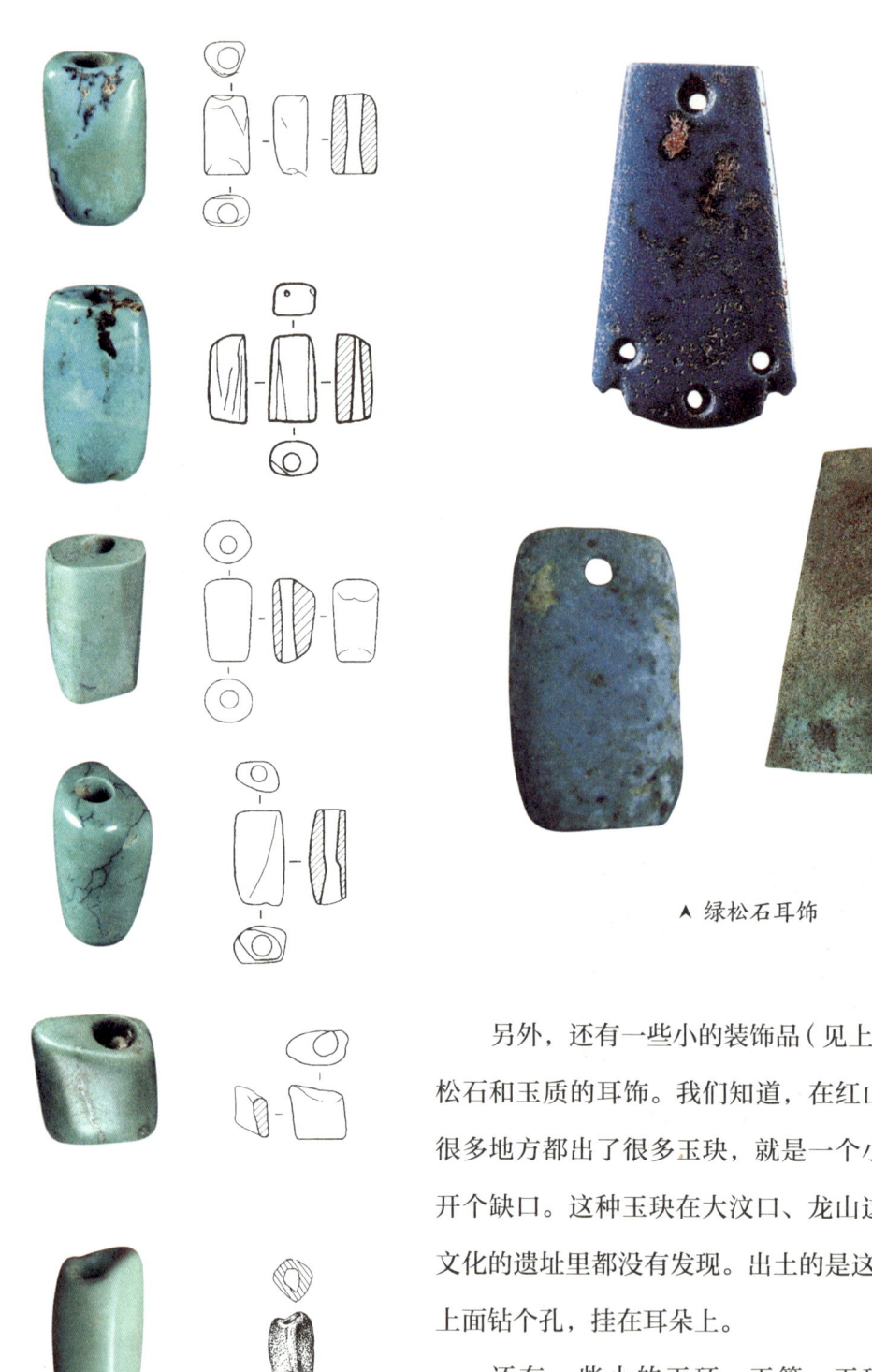

▲ 绿松石耳饰

▲ 绿松石管

另外，还有一些小的装饰品（见上图），像绿松石和玉质的耳饰。我们知道，在红山、良渚等很多地方都出了很多玉玦，就是一个小小的玉环开个缺口。这种玉玦在大汶口、龙山这些海岱系文化的遗址里都没有发现。出土的是这种小玉片，上面钻个孔，挂在耳朵上。

还有一些小的玉环、玉管、玉珠等（见左图）。有些是指环，有些是坠，有些是连缀起来做项链的零件。

> 黑陶是龙山文化最具代表性的产物。龙山文化陶器的烧制技术高超，具备'黑、光、亮、轻'的特点，可以说达到了人类制陶历史上的一个巅峰。

我们再简单说一下陶器。

陶器制作是龙山文化中最发达的手工技术。这个时期的快轮成型技术达到了炉火纯青的境界，这样做出来的陶器形态非常规整，陶胎很薄，而且厚度均匀，转折得棱角分明。最精湛的代表就是所谓的蛋壳陶，顾名思义，像蛋壳一样薄的陶器。蛋壳陶的厚度在0.5毫米以下。

其实，龙山陶器特别特别多，种类极为丰富，数量也多，我们选些有代表性的器物来看一下。用来做饭的炊煮器有：鼎、甗（yǎn）、鬲（gé）。它们都是黑陶，下边的颜色发红是因为使用时烧火烧的。

用来吃饭和喝水（酒）的饮食器有：圈足盘、碗、豆和各种各样的杯子。你看，这些黑陶都是闪着光泽的。

▲ 盆形陶鼎　▲ 罐形陶鼎

◀ 陶鬲

◀ 陶甗

◀ 陶杯

◀ 陶豆

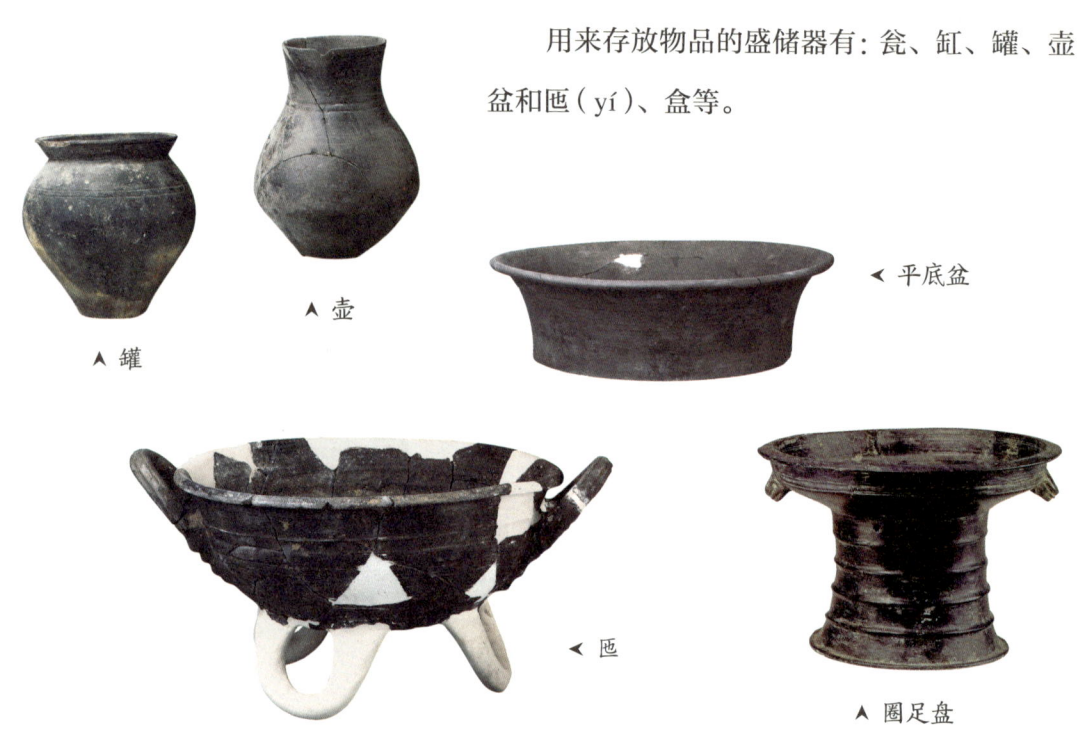

用来存放物品的盛储器有：瓮、缸、罐、壶、盆和匜（yí）、盒等。

▲ 罐
▲ 壶
◀ 平底盆
◀ 匜
▲ 圈足盘

除了黑陶，龙山文化时期还有少量的白陶。白陶是用高岭土做的，就像瓷器没有上釉，是很特殊的一个门类，最早出现在大汶口文化晚期。白陶在龙山文化里面数量不多，但特色鲜明。而且，龙山文化的白陶只有一种器物，就是怪怪的这种——鬶（guī），最初是酒器，后来慢慢成为一种礼器，出现在龙山文化规模较大的墓葬之中。陶鬶的造型也比较特别，上部前端有一个很长的高流，流口两侧各有一个小圆饼，整体一看，活脱脱的一只引颈长鸣的大鸟。这与中国古史传说中的记载，居住在东方海岱地区的东夷人十分崇尚鸟的传统习俗密切相关。

龙山文化陶器的器类中，数量最多的是盖子。其不仅数量多，而且种类十分繁杂，有覆盆形、覆碗形、覆盘形、覆碟形、子母口形、平板形、尖顶形……这些不同形制的盖子，是对应不同的陶器的，其主要功能应该是避免灰尘等脏东西落到陶容器里。这从一个角度说明，龙山文化的居民是一个特别讲卫生的族群。

◀ 白陶鬹

早期的人类文明社会是什么样子？

自距今12000年前后进入新石器时代以来，人类社会经过长期的缓慢发展，在仰韶时代中期，大概是距今6000年到距今5500年的时候，在中国的黄河、长江和西辽河流域的五大区系里，都出现了这样一个现象：经济发展速度加快，社会分化加剧。

到了距今5000年前后，五大区系里先后产生了早期国家，进入了初期文明社会的阶段。良渚（距今约5300—4300年）就是一个代表，现在良渚遗址群已经列入世界文化遗产名录。连英国的著名考古学家都说："如果这还不是国家，那什么是国家？"所以我们现在说中华文明五千年，底气可以很足，甚至我们的文明可以追溯到更久远的年代。

大概从距今4400年的龙山文化起，已经进入文明社会的早期发展阶段。那么我们怎么来判定龙山文化时期的社会发展水平呢？主要可以从下面这几个方面来讨论：聚落形态、墓地和墓葬所反映的阶层分化、礼制的产生和发展，以及其他精神文化领域的变化。

聚落形态：城市涌现而出

到龙山文化时期，一个最大的变化就是城址开始像雨后春笋一般涌现出来。到现在，我们在海岱地区发现了超过10座龙山文化城址，主要分布在泰山—沂山北侧和东部沿海地区。

泰山—沂山北侧的有：阳谷景阳冈、茌平教场铺、章丘城子崖、邹平丁公、临淄桐林、寿光边线王等；东部沿海地区的有五莲丹土、日照两城镇和尧王城、江苏连云港藤花落等；南部的安徽固镇垓下、蚌埠禹会村等。

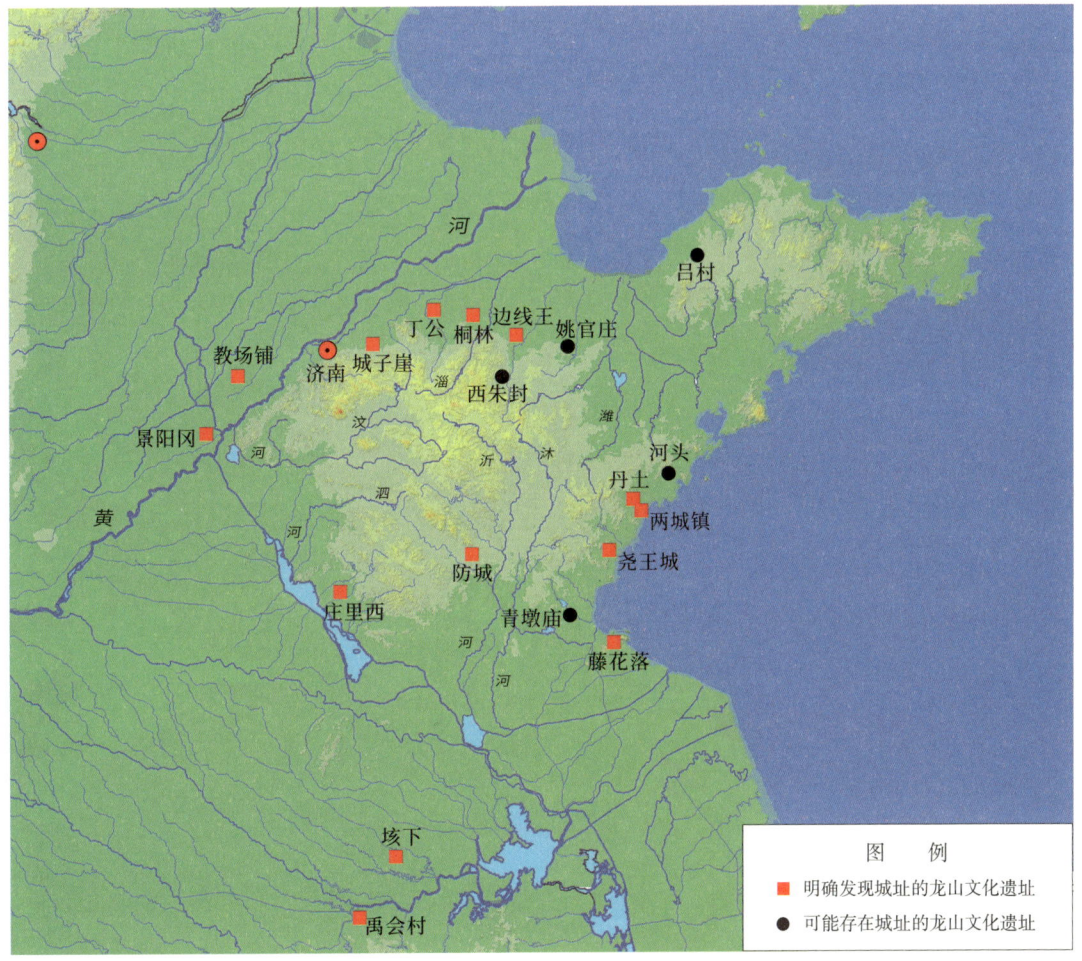

▲ 海岱地区龙山文化城址分布图

我们把这些城址在地图上连成两条线之后，就会发现，大概每相隔五六十千米就会有一个城址。假如说一个城是一个国，那么每个国的领地范围大概就和我们现在的一个县差不多大。而且，比较之前的大汶口文化，龙山文化时期的城址在单重城址的基础上，开始出现两重城址。

我们看龙山时期的遗址，是以城址为中心，形成了呈金字塔状结构的大、中、小三级聚落形态。大型的聚落有城，中型的聚落有环壕，小型聚落什么也没有，是很清楚的分级结构。这很像现在的一个县：县城最大，只有一个；乡镇次之，有十几个或者二三十个；农村最小，有几百个。这种结构就叫金字塔状结构。它们之间存在这种制度性的管控体系，所以我们认为这种具有制度结构的很可能就是国家。当然，要确定说它是国家，还需要找其他一些材料来印证。

我们看一个例子，山东日照的尧王城遗址。最外边的一圈是大城，里边一圈是小城，两重城墙。外边这一圈圈起的面积有400万平方米，比良渚古城（约300万平方米）还大。

从右侧图上，我们看到了尧王城的城墙、古河道、环壕。

▶ 日照尧王城古城内外城墙平面图

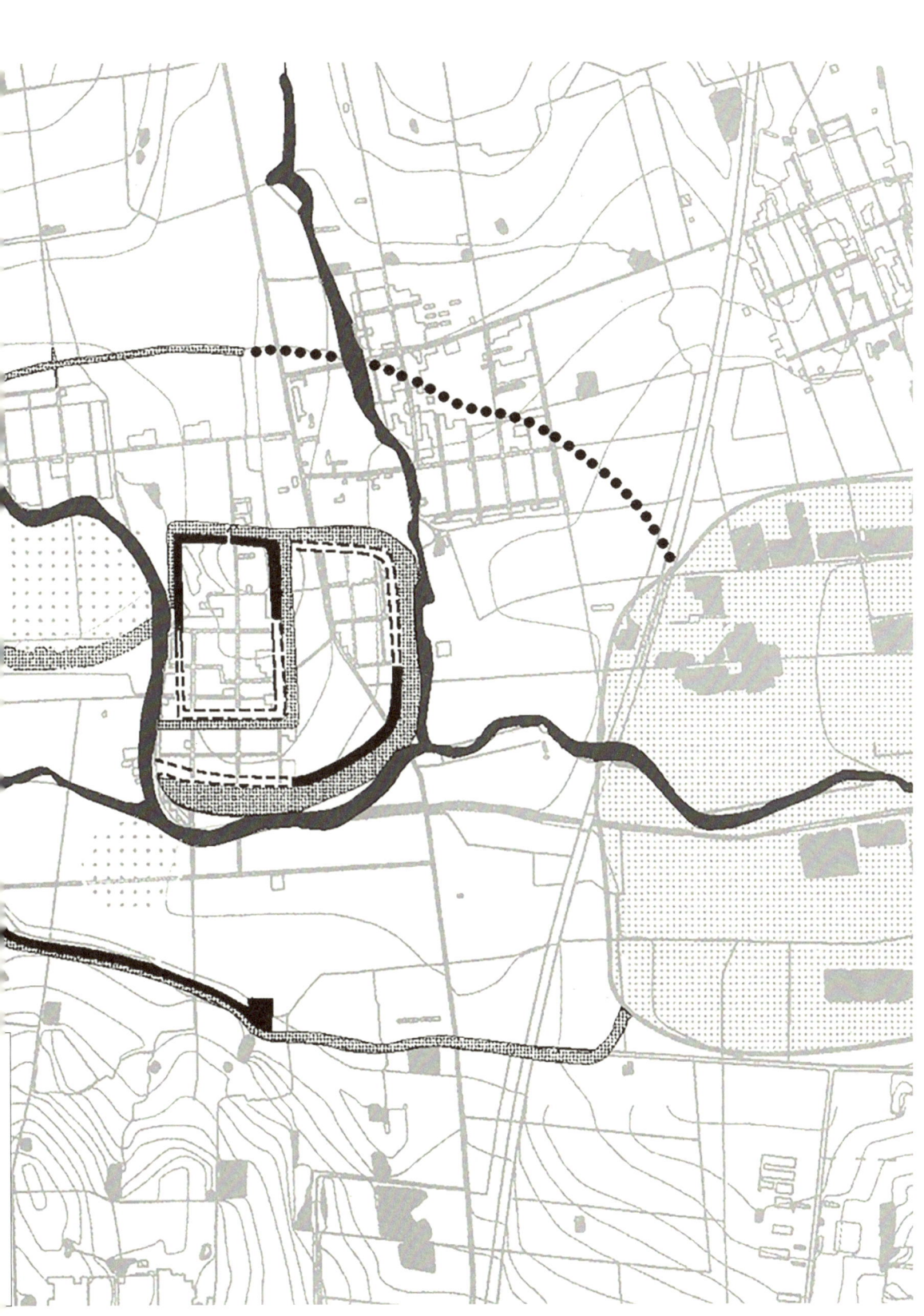

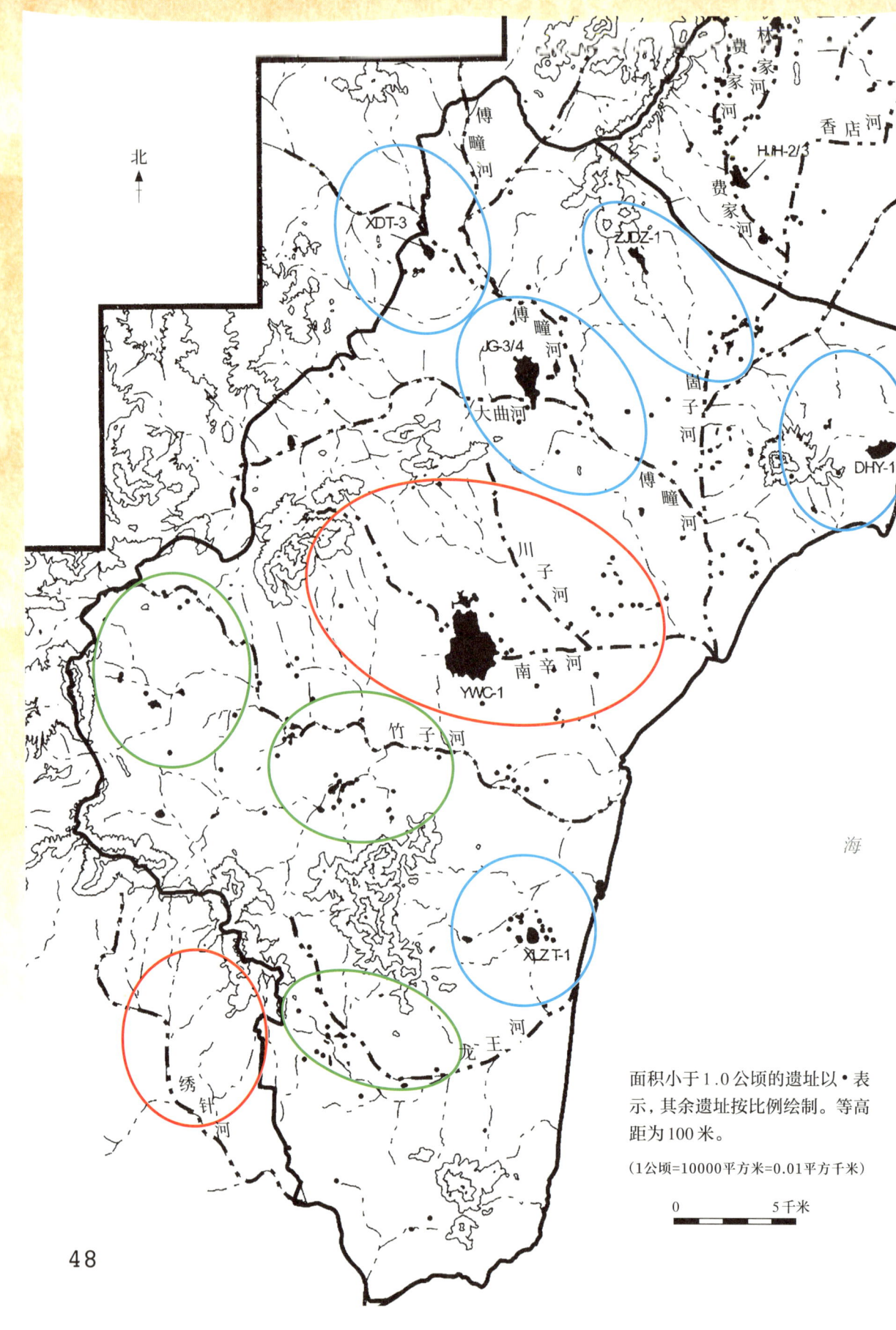

面积小于1.0公顷的遗址以·表示，其余遗址按比例绘制。等高距为100米。

（1公顷=10000平方米=0.01平方千米）

左侧图是尧王城的聚落结构。中心大的红圈是尧王城，周围的小圈是二级的聚落群。每个小圈里边有一个比较大的黑点，那是二级聚落群里等级最高的聚落。这个是我们和美国合作，做了二十多年区域考古调查，一步一步走出来的，这个范围里边每一块地我们都到过。

下图是前面讲的城子崖的龙山城址。在它的周围，也有很多中小型聚落，聚落结构和尧王城地区是一样的。

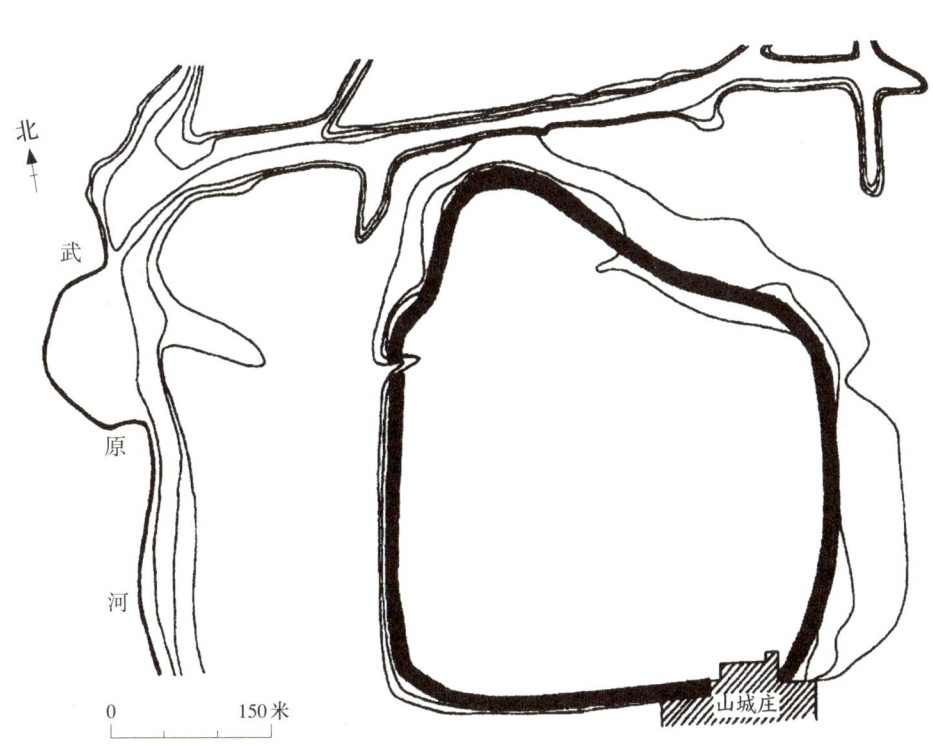

▲ 章丘城子崖城址平面图

49

社会分化：人开始分三六九等

前面我们也讲到了一些，主要是从墓葬来看社会分化的情况。

山东临朐西朱封遗址的大墓，就是出了那支极为精美的玉簪的墓，我们认为这是一座王墓，它的面积约30平方米。另外一座大墓，墓主使用了两椁一棺，还有边箱、脚箱。像这种三重结构的大墓，即便到了夏商时期也不一般，所以判定它是王墓应该没有问题。

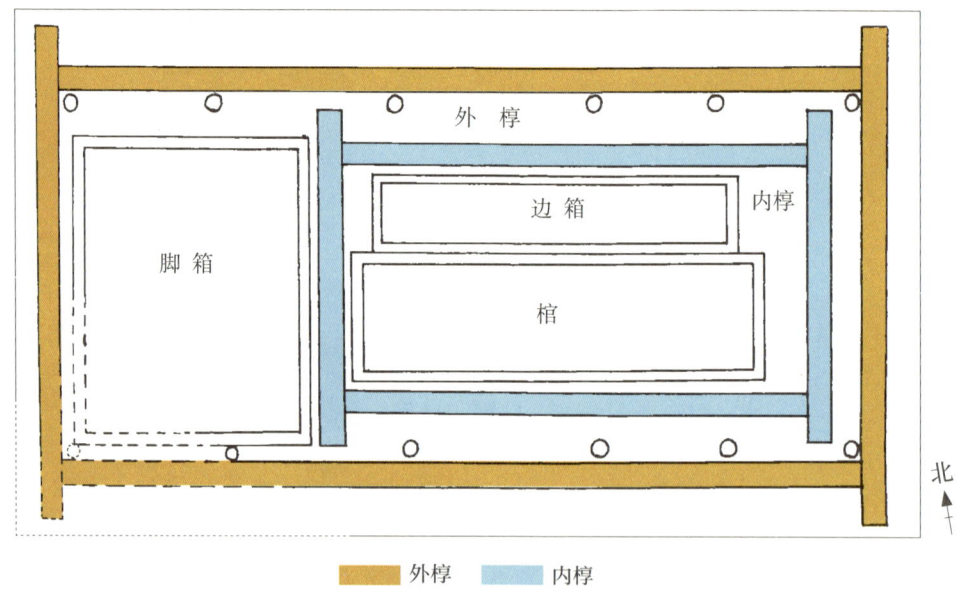

▲ 临朐西朱封M1棺椁示意图

❓ 棺椁（guǒ）制度

棺，即棺材；椁，指套在棺材外面的大棺材。二者都是盛放墓主的葬具。棺椁制度即是指按死者的身份、地位规范使用葬具。有两椁一棺、一椁一棺、一椁或一棺、无椁无棺等序列，显示出社会中人们不同的等级和地位。棺椁制度是当时社会礼制的具体表现之一。

另外，在大中型墓葬的随葬品中，我们看到有玉礼器和陶礼器，明确存在"器以藏礼"的现象。玉礼器就是我们前面讲的钺、刀、璋、璧、圭这五种主要玉器。陶礼器主要是精致的黑陶组合和白陶鬶。大家都知道，太薄的陶生活中没法用，这种就作为礼器来用。

◁ 玉牙璧

▷ 西朱封玉钺

◁ 大范庄牙璋

▲ 玉刀

▲ 两城镇玉圭　▲ 姚官庄高柄杯　▲ 尹家城高柄杯　▲ 东海峪黑陶高柄杯（因薄如蛋壳又称"蛋壳陶"）

此外，龙山文化的遗址里还出现了使用"列鼎"的现象。大家都知道，西周有列鼎和列簋（guǐ）制度，就是随葬一排样式一样的器形，大小递减的鼎或簋。看来这种制度的萌芽在龙山文化时期就开始出现了。

▲ 同一单位出土的大小依次递减的黑陶"列鼎"

还有一些其他类器物，如白陶鬶、蛋壳黑陶高柄杯、黑陶罍（léi）、黑陶壶、黑陶杯等，是一套用来盛酒的用具。我们认为这也是当时礼制的体现。

▲ 白陶鬶

▲ 黑陶罍

文字开始出现

这是丁公的龙山陶文。学界对此有很多不同的解释，我们这个系列的作者之一冯时老师曾写过文章，专门讨论这上面的文字。他指出丁公陶文与商代甲骨文不属于同一文字系统，并用古彝（yí）文释读出这11个字符，为彝族百解祭中禳病除邪的咒语。冯时从考古学、文字学的角度，印证了傅斯年早年通过文献考证提出的一个论点：夷夏东西，即将上古文明区划为东与西，地理分界线就是太行山，太行山以东属于夷的文化区，太行山以西属于夏的文化区。同时，他指出，彝即夷，因为彝族传统文献始终以"夷"为自己族群的称谓，而称汉人为"夏人"。现在居于西南的彝族，应该就是不断南迁的东夷后裔。

祖先和神灵崇拜

我们前面讲过这两个神徽,左边是日照两城镇遗址玉圭上的图像,右边是临朐西朱封遗址玉簪的上部。这两个图像表现的内容是一样的,上面是个冠,下面是眼睛、嘴巴、鼻子。上面戴一个高冠,和良渚玉器上的神徽非常像,我认为和良渚有一定的关联,也是一个祖先和神灵崇拜的神徽图像。

▲ 龙山文化玉圭上的神徽

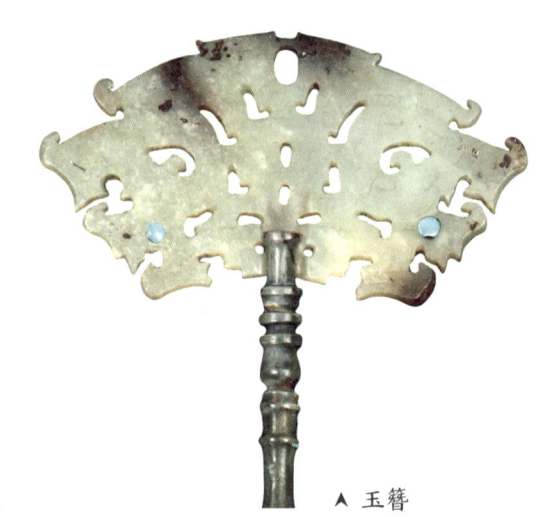

▲ 玉簪

接下来看到的是两城镇遗址最大的墓葬M33,有一椁一棺,墓主是个成年男性,身高1.85米,他的左前臂有一个使用200多片绿松石薄片粘贴起来的装饰,在这个装饰的中部偏下位置,还有一堆石英岩小珠。这是一件很重要,也很奇怪的装饰,我们是整体起取后到实验室来清理的。有人认为这是一条龙,有人认为是一只大鸟,下面的石珠堆是胃石。我认为它是鸟的可能性比较大,与龙山人的鸟崇拜传统有关。当然,也不排除它是龙的可能性。

▲ M33出土绿松石片和石珠

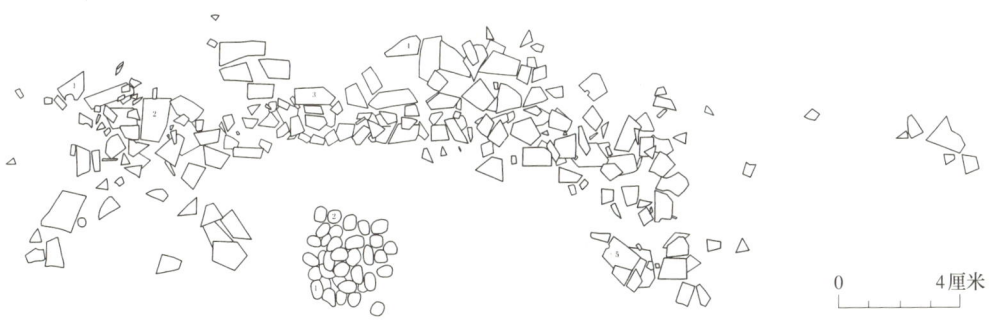

▶ 西朱封M202出土绿松石片

◀ 大汶口文化的龟甲器

▲ 西寺陶龟

▲ 东海峪陶龟

　　龟灵崇拜产生于北辛和大汶口文化时期，一般使用实体龟壳，背上往往钻孔，里面盛放小石子和骨针、骨锥等。到龙山文化时期，可能随着环境的变化，北方地区龟的数量减少以至消失，当时人多使用陶龟来代替实体龟。我们在龙山文化遗址中发现了很多例。它应该是祭祀和巫医使用的法器。龟灵崇拜的文化传统在海岱地区延续了2000多年，并被后来的商人所继承。

【给孩子的话】

  我们可以说，到了距今4000年前后的龙山文化时期，人类社会已经进入了一个邦国林立的阶段，一个城址就代表了一个早期国家。以城址为中心，出现了三级或四级结构的聚落形态。现在我们已经发现的大概有十几处，还有更多的等着我们去发现。与此同时，社会分化为不同的阶层和阶级，以棺椁制度、玉器和薄胎黑陶、白陶为载体的礼制逐渐成熟，文字也有了新的发展。

  龙山文化，是海岱地区新石器时代的最后一个阶段，也是文化发展水平最高的一个阶段。如果说龙山文化的前身——大汶口文化中晚期阶段就已经进入了文明社会，产生了早期国家，那么，到龙山文化时期又获得了进一步发展。读完这本书，我相信你已经看到它丰富多彩的文化成就，看到它辉煌的发展历史。

【考古学家小传】

> ❝
>
> 如果说良渚已经进入古国，到龙山这个阶段，古国就进入了一个高级发展阶段。
>
> 对中国考古学的研究要先进去，再出来。只有将传统的东西吃得很透，才能真正在反思研究的过程中推动学科的发展和变化。
>
> ❞

栾丰实，1951年生，山东烟台人。

山东大学博士生导师，曾任山东大学东方考古研究中心主任，兼任国家社科基金评审专家和中华文明探源工程评估专家、中国考古学会新石器专业委员会副主任、山东省考古学会名誉理事长、北京大学中国考古学研究中心兼职教授、中国社科院古代文明研究中心客座研究员等。获山东省社会科学突出贡献奖，入选改革开放四十周年山东省社会科学名家。

研究方向为中国考古学、考古学理论和田野考古学。先后主持过泗水尹家城、邹平丁公、日照两城镇、开州余家坝等重要遗址的发掘工作。发表论文200余篇，出版学术著作30部（含合著、主编），主编全国通用教材《考古学概论》等。

重回校园，只想"一分一秒地把时间补回来"

1978年，栾丰实以山东烟台福山县文科第一名的成绩考入山东大学考古专业。经历过动荡年代的他，把这看成一次命运的眷顾。当然，他也没有辜负这来之不易的眷顾。重回校园，学的又是自己热爱的专业，他把当时能找到的所有考古文献全部借来读一遍，并做了笔记。如今的考古文献数量太多了，已经完全不可能这样做了。

因为成绩优异，毕业后，栾丰实留校任教。四十多年来，他从未想过离开。除了教书，他参加和主持过二十余处省内外古遗址、古墓葬的发掘工作。为了配合三峡工程的建设，2000年前后他还在重庆开县进行过十年考古。最让栾丰实难忘的，是1991年丁公龙山城址和陶文的发现。

丁公龙山城址的发现，颠覆了以往的认知，使业界对龙山文化社会性质的认识产生一个飞跃，即这一时期已不是传统认知上的原始社会，而是产生了阶级，甚至进入早期国家的文明社会。在丁公龙山城址的基础上，专家们提出，在那些面积较大、内涵比较丰富、位置比较适中、周围有一批中小型聚落的中心遗址，多数应该存在着龙山城，各自代表着一个政治实体。这一认识，为后来在山东和全国各地发现的大量龙山城址所证实。

从龙山开始，构建海岱地区的考古文化序列

"1997年之前，我个人考古学研究的主要方向，就是构建海岱地区新石器到早期青铜时代考古学文化的文化序列和发展谱系。"栾丰实这一研究是从龙山文化开始的。1981年、1985年和1986年，他三次参加尹家城遗址的田野发掘工作。

尹家城遗址虽然面积很小，但是它的好处在于经历了整个龙山文化发展的全过程。发掘好和研究透这个遗址，就像解剖麻雀一样，可以科学地总结出龙山文化的分期和各个阶段的文化面貌、特征。

1986年最后一次发掘结束之后，栾丰实用了一年多的时间，从拼对每一个遗迹单位的陶片开始，和其他几位老师一起，全面、系统地整理了历年来的发掘资料。他当时一边整理资料，一边撰写题目为《龙山文化尹家城类型的分期及其源流》的硕士论文。研究的重点就是以尹家城遗址为主的鲁中南地区龙山文化的分期和年代。这一研究成果，奠定了栾丰实后来开展龙山文化，甚至整个史前文化研究的基础。

" 山东地区是中国北方旱作农业和文明社会的重要发祥地之一。距今9000—8000年，黍、粟和水稻等农作物被发现，不仅表明山东地区是中国北方旱作农业的起源地之一，还开始了南北方农业文化的交流。之后，距今5000年左右的章丘焦家、滕州岗上等大汶口城址和贵族墓地的出现，则是中华文明五千年的实证。"

立足田野，找准适合自己的研究方向

近些年，栾丰实因为年龄原因不能继续做田野工作。他戏称，现在的主要精力是用于"还债"，就是把以前经手的一些发掘资料，在离开这个世界之前完整地公布出来。主要有丁公遗址的发掘资料和配合三峡工程而做的一些考古发掘工作的资料。此外，还有一些其他的工作，像中华文明探源工程的咨询和评估、《考古学概论》等教材的编写等。

> 过去曾有人说,各区域考古学的时空框架等基本问题搞清楚之后,考古还能做什么?觉得找不到研究题目。现在你会发现,考古学研究已经进入了名副其实的多元化时代,不是找不到研究题目,而是需要研究的东西更多了,有做不完的题目在等待着我们。

作为一个考古工作者，栾丰实认为还是要立足田野，立足田野才能获得过硬的田野技能，而田野发掘水平的高低对自己后续研究非常重要。

在这个基础上，选择一个有研究前景并且自己喜欢的研究方向，尽快找到适合自己的学习方法和研究方法也十分重要。20世纪70、80年代，中国考古学研究的主轴是以年代学为中心的文化史研究，研究内容主要集中在考古学文化的文化内涵、面貌和特征，分期和年代，源流关系，不同区域文化因素的比较，等等。这些都属于考古学的基础研究。到20世纪90年代后期至2000年前后，考古学研究的重心转向了社会考古。环境、资源，特别是人和环境、资源的互动研究格外受到关注。古代人类吃的什么？是怎么得来的？用的什么？是怎么做出来的？等等。不同区域的文化之间是否有交流？交流的范围有多大？以什么形式进行的？等等。按照这样的思路，研究范围就可以无限地扩大和往前延伸。

图书在版编目（CIP）数据

考古学家带你看中国.龙山/栾丰实著.—北京：中国经济出版社，2024.10.— ISBN 978-7-5136-7819-3

Ⅰ．K878-49

中国国家版本馆 CIP 数据核字第 20246XZ427 号

审图号：GS 京（2024）1764 号

特邀策划	活字文化 Moveable Type　黄　昕
策划编辑	龚风光　张娟娟
责任编辑	张娟娟
责任印制	马小宾
封面设计	知雨林
内文排版	陈小娟
内文插画	邓　语
营销支持	廖　琛　杨皓捷

出版发行	中国经济出版社
印　刷　者	北京富泰印刷有限责任公司
经　销　者	各地新华书店
开　　本	787mm×1092mm　1/16
印　　张	4.25
字　　数	56 千字
版　　次	2024 年 10 月第 1 版
印　　次	2024 年 10 月第 1 次
定　　价	39.80 元

广告经营许可证　京西工商广字第 8179 号

中国经济出版社 网址 www.economyph.com 社址 北京市东城区安定门外大街 58 号 邮编 100011
本版图书如存在印装质量问题，请与本社销售中心联系调换（联系电话：010-57512564）

版权所有　盗版必究（举报电话：010-57512600）
国家版权局反盗版举报中心（举报电话：12390）　服务热线：010-57512564